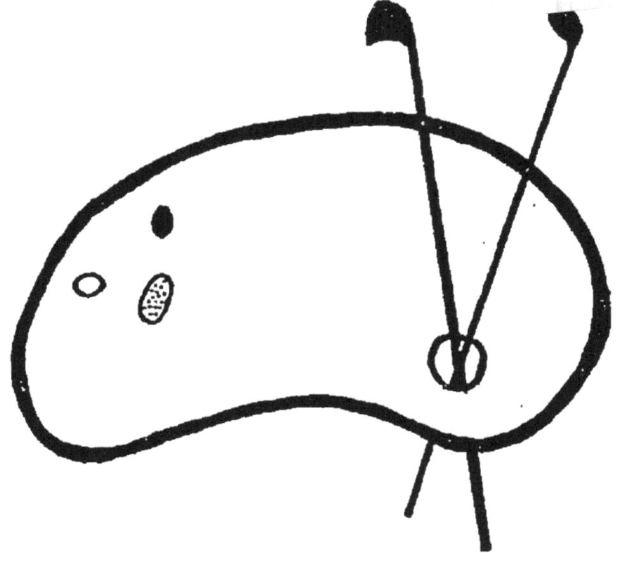

DEBUT D'UNE SERIE DE DOCUMENTS
EN COULEUR

G. MASPERO

Membre de l'Institut,
Professeur au Collège de France,
Directeur général du Service des Antiquités du Caire.

RUINES ET PAYSAGES

D'ÉGYPTE

LIBRAIRIE ORIENTALE & AMÉRICAINE

E. GUILMOTO, Éditeur

6, Rue de Mézières, PARIS

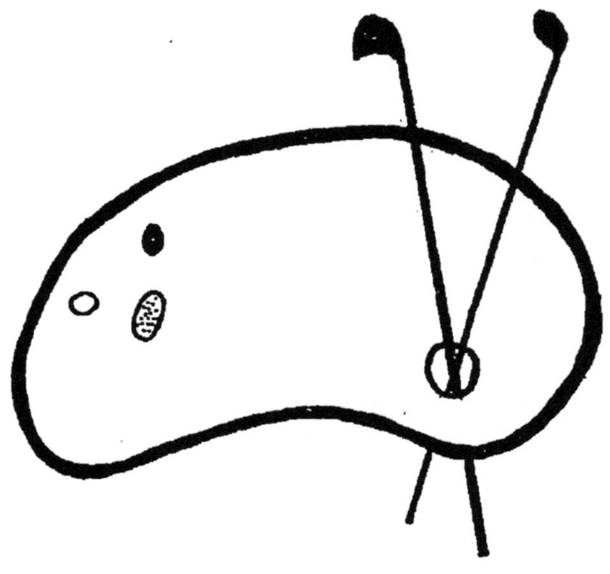

FIN D'UNE SERIE DE DOCUMENTS
EN COULEUR

RUINES ET PAYSAGES
D'ÉGYPTE

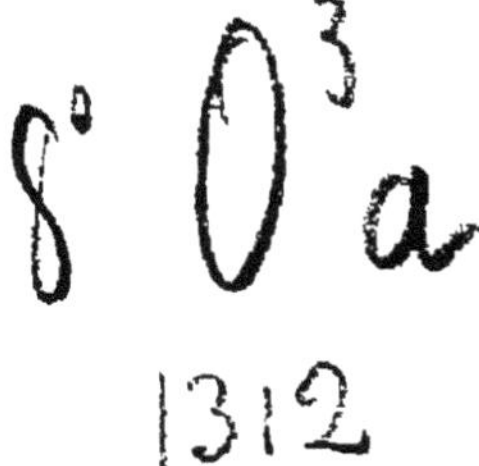

G. MASPERO

Membre de l'Institut,
Professeur au Collège de France,
Directeur général du Service des Antiquités du Caire.

RUINES ET PAYSAGES

D'ÉGYPTE

LIBRAIRIE ORIENTALE & AMÉRICAINE

E. GUILMOTO, Éditeur

6, Rue de Mézières, PARIS

IL A ÉTÉ TIRÉ DE CET OUVRAGE

15 exemplaires sur papier de Hollande.

AVERTISSEMENT

J'ai passé jusqu'à présent seize années de ma vie en Égypte, comme chef du Service des Antiquités, et, chaque hiver, ma fonction m'a commandé d'inspecter les monuments. De 1881 à 1886, pendant mon premier séjour, je disposais d'un bateau à vapeur, le MENCHIÉH, *plus connu des riverains sous le nom de* NIMRO HADA-CHÉRE, *le n° 11. C'était une galiote plate, armée d'une machine à qui son type archaïque aurait mérité une place au Musée des Arts et Métiers. Elle avait fait la navette régulièrement deux fois par mois entre Alexandrie et le Caire, de 1840 à 1860, puis, réformée pour cause de vieillesse, elle avait été remise à neuf en l'honneur du prince Napoléon, lorsque celui-ci visita l'Égypte en 1863. Donnée à Mariette en 1875, après de longs repos à l'Arsenal, j'avais hérité d'elle et je l'avais habitée cinq années durant, mais mes successeurs ne surent point la conserver, et, à mon retour, je trouvai à sa place une vieille dahabiéh princière, la* MIRIAM, *de laquelle je me suis accommodé depuis lors. Au début de la campagne, vers le milieu de décembre, je la remorque d'une seule traite jusqu'à l'extrême limite de sa course, Assouân ou Ouadi-Halfah, et de là je m'abandonne au fil de l'eau, secondé quelquefois par le vent, le plus souvent combattu par lui et luttant à la rame jour après jour, afin de gagner quelques kilomètres. Cette façon de naviguer, qui n'est plus beaucoup au goût des touristes, n'offre guère que des avantages pour le Directeur des Antiquités : elle lui fournit l'occasion d'explorer des sites secondaires où personne ne s'arrête volontairement, et qu'il n'aurait pas songé lui-même à visiter, si l'impossibilité d'avancer contre la bourrasque ne l'avait pas contraint à relâcher dans le voisinage. J'ai rapporté, quant à moi, de ces stations imprévues, outre plusieurs monuments qui ne font pas mauvaise figure au Musée, des impressions d'Égypte moderne qui m'ont aidé à mieux comprendre l'Égypte ancienne. Je les ai notées au jour le jour, sans m'inquiéter d'autre chose que de bien exprimer ce que j'éprouvais ou ce que je voyais, et, depuis 1900, j'ai publié chaque année dans le journal le* TEMPS *celles d'entre elles qui me* paraissaient de nature à intéresser les égyptologues sans trop rebuter le grand public. Lorsqu'il y en eut plus d'une vingtaine d'articles, l'éditeur qui publia naguère les CAUSERIES D'ÉGYPTE, M. Guilmoto, me proposa de les réunir en volume. L'offre m'agréait trop pour que j'eusse le courage de la refuser : j'obtins le consentement de M. Hébrard pour les articles du TEMPS, puis je joignis à ceux-ci quelques morceaux extraits de la GRANDE REVUE et de la REVUE D'ORIENT. M'est-il permis d'espérer que ceux des lecteurs qui auront déjà vu le pays le reconnaîtront dans ce livre, et que ceux qui ne l'ont pas vu encore y puiseront le désir de le connaître ?

Bibéh, le 25 février 1910.

G. MASPERO.

RUINES ET PAYSAGES

D'ÉGYPTE

I

DU CAIRE A RODAH

Bibéh, le 14 décembre 1899.

Le ciel est gris, des traînées de brume mélancolique flottent sur les berges, une tache jaunâtre marque par intervalles la place où le soleil devrait briller; est-ce bien l'Égypte, et qu'a-t-elle fait de sa lumière, depuis treize ans que je l'ai quittée? On grelotte sur le Nil, et le pont du bateau serait bientôt inhabitable, si l'on ne se résignait à endosser un paletot d'hiver. Je sortis du Caire avant-hier, fort incertain de mes impressions et assez inquiet de savoir si l'aspect du fleuve et de ses rives avait changé autant que le climat. Il semblait naguère qu'en perdant de vue les derniers minarets de la citadelle on dît adieu au siècle pré-

1

sent. Quelques cheminées d'usines se dressaient çà et là parmi les palmiers, ou l'un des bateaux de Cook filait à grand bruit emportant sa cargaison de touristes, mais ces derniers accidents de civilisation s'effaçaient vite à l'horizon, et, les Pyramides aidant, qu'on longeait pendant deux jours, on éprouvait bientôt la sensation d'un départ pour un coin de monde antique attardé au milieu de notre monde. C'était une Égypte du passé qu'on parcourait entre le Caire et Philæ, non pas une Égypte d'époque précise, mais un pays d'âge et de couleur mal définis, qui tenait plus des Pharaons en certains endroits, des Turcs ou des mamelouks en certains autres, si bien que chacun, selon la nature de ses études ou la tournure de son imagination, pouvait se figurer qu'il partait en visite chez le Pharaon Sésostris ou chez les sultans des *Mille et une Nuits*. Voici trois jours que les paysages d'autrefois défilent de nouveau sous mes yeux. Si j'en reconnais les lignes et les masses principales, quelque chose s'y manifeste en plus qu'ils ne renfermaient pas auparavant et qui en a modifié le caractère : la vie industrielle s'est emparée d'eux et elle travaille à les transformer obscurément.

Le changement est sensible, sitôt qu'on a démarré du pont de Kasr-en-Nil. Le fond du tableau est demeuré le même, l'île verte de Rodah, ses bouquets d'arbres et son nilomètre bariolé à la pointe méridionale, puis les masures pittoresques du Vieux-Caire, la jolie mosquée d'Atar-en-Nabi, campée si hardiment sur son promontoire, les hauts monticules de décombres que couronnent les moulins à vent de l'occupation française, et, à mesure qu'on s'éloigne, le panorama de la citadelle se lève et se maintient une heure durant ; mais partout sur la rive les bâtisses neuves se succèdent presque jusqu'à Hélouan en face du site de Memphis, les casernes s'échelonnent, les cheminées fument, et dès la tombée de la nuit les lampes électriques s'allument de droite et de gauche. On devait s'attendre à ce que le Caire, en s'enrichissant, suscitât des faubourgs, ainsi qu'il arrive à toutes les grandes capitales, et il faut remercier la fortune qui a voulu que l'outillage des industries modernes s'implantât dans ces beaux sites sans trop les défigurer. Au delà d'Hélouan et de Bédréchéin, si l'on suit avec attention la fuite des berges, les modifications, pour s'afficher moins fréquentes que dans la banlieue immédiate, ne sont pas moins réelles. Du côté libyque, la digue côtière, qui jadis se déployait en courbes désordonnées et se brisait par endroits sans que personne songeât à en rectifier les caprices, court désormais d'une allure sage et soutenue, sans brèches ni dentelures à la crête. Des bornes en fer, plantées régulièrement d'espace en espace, en jalonnent le trajet et permettent de la rétablir dans sa direction première lorsqu'un assaut plus violent de la crue l'entame par hasard : on a, grâce à cette stabilité, gagné définitivement à la culture des terrains qui menaçaient à chaque instant de devenir la proie du Nil, et j'ai trouvé près de Bédréchéin un champ de dourah en plein rapport à l'endroit même où j'avais flotté naguères sur deux ou trois mètres d'eau. Du côté de l'Arabie, le progrès n'est pas moins sérieux, et je me suis étonné d'abord de voir de la verdure et des groupes de maisons bien bâties, où ma mémoire s'obstinait à me représenter le jaune ininterrompu du sable et des amas de cahutes misérables : d'Atfiéh jusqu'à Bibéh, pendant une journée entière, j'ai cessé presque complètement d'observer l'autre rive pour concentrer mon attention sur celle-ci.

Lors de mon premier séjour, elle continuait encore à peu près telle que les savants français l'avaient décrite à la fin du siècle passé. Bien que la montagne s'éloigne parfois à grande distance vers l'intérieur, la région utilisée était en général étroite et inégalement défrichée, faute d'eau en quantité suffisante. Deux ou trois tronçons de canaux l'arrosaient çà et là, et dans les endroits où l'on apercevait un peu de verdure, la chadouf ou la sakiéh fournissaient seules aux besoins des paysans au prix d'un travail opiniâtre. Presque partout le sable ou la lande arrivaient jusqu'au bord même du courant; quelques villages, pétris de boue, s'espaçaient aux meilleures places; un santon ou un couvent délabré de moines coptes s'intercalaient à de longs intervalles. Les rares tentatives ébauchées sous Méhémet Ali, puis sous Ismaïl pacha, pour ranimer cette terre agonisante avaient échoué, et il semblait que l'Égypte fût à peu près morte de ce côté-là de son fleuve. Elle sort aujourd'hui de sa longue défaillance, et rien n'est plus curieux que d'y noter à la volée tous les signes de la vie qui se réveille. Au sortir de la passe tortueuse où l'insuffisance de la crue oblige le courant à circuler au sud du bourg de Karimât, un couvent ruiné à demi, le Déîr Mêmoun, ralliait jadis autour de ses murailles quelques douzaines de fellahs, les seuls êtres humains, avec les moines, qui s'obstinassent à ne pas abandonner ces parages : une vingtaine de palmiers mal soignés abritaient leurs paillotes, et leurs chétifs carrés de fèves ou de dourah posaient à peine une ombre verdâtre sur les premiers plans du paysage. Aujourd'hui, le couvent a réparé son enceinte; des maisons de pierre se sont groupées auprès de lui, les palmiers se sont multipliés et déjà ils forment un petit bois, les champs ont empiété largement sur le désert, et le mouvement de bestiaux et de baudets qui règne aux alentours trahit la présence d'une population laborieuse et aisée. Six ou huit hameaux ont poussé dans l'espace vide qui s'étendait entre Déîr-el-Mêmoun et El Marazi, et les

colons, émigrés en partie de l'autre bord, con-
quièrent peu à peu ces solitudes. La chadouf tirée
à main d'homme n'a pas renoncé encore à monter
l'eau d'un effort rythmique, mais partout à côté
d'elle, des pompes à vapeur installées à demeure
ou des locomobiles qu'on déplace selon les nécessités du moment la suppléent et tendent à la remplacer. La canne à sucre gagne de proche en
proche, puis la dourah, le blé, les fèves, et sur
le limon que la crue découvre, les légumes aimés
de l'indigène, le lupin, l'oignon, la mauve, le
concombre, la pastèque. La plupart des villages
neufs sont en pierre taillée, et l'accroissement
inespéré des constructions a exigé l'ouverture de
carrières nombreuses dans tous les endroits où la
falaise serre le fleuve d'assez près pour rendre
l'exploitation aisée. De temps à autre, les hangars
et les tuyaux d'une usine naissante, puis une
grande ferme flanquée d'un rudiment de jardin,
puis des bouquets de dattiers en bas âge, puis des
paquets de barques amarrées à un débarcadère en
attendant leur chargement : l'une d'elles, près du
Déîr-el-Bayâd, portait une locomobile toute neuve,
et les matelots de l'équipage se hâtaient de mettre
une autre locomobile en batterie sur la berge, en
avant d'un champ de canne en pleine croissance.

Rôdah, le 17 décembre 1899.

Le soleil a reparu et l'Égypte s'est retrouvée. La douceur de l'air et la beauté du ciel invitent le regard et l'esprit à la contemplation paresseuse ou à la méditation somnolente : il faut un effort réel pour reprendre l'étude de la rive droite et pour me décider à enregistrer ce qu'elle me révèle d'imprévu. D'abord, au delà de Bibéh, il me semble que l'activité s'alanguit et que les sites sont confinés partout dans leur immobilité d'autrefois : l'industrie s'est reportée sur la gauche, dans les domaines et dans les usines de la Daïrah Sanièh. Les pentes rugueuses du Gébel Chéïkh Embarek se rapprochent si fort de nous qu'elles excluent toute possibilité d'irrigation par les machines, et les rubans d'alluvions sans largeur qui s'étirent à leurs pieds sont arrosés et cultivés à la vieille mode. Mais au delà de Charronah, un changement à vue se produit. Une large traînée verte surgit et se continue des kilomètres durant, où je me rappelais une plaine poudreuse, parsemée maigrement de palmiers malheureux et de champs étriqués, bornée, vers le sud, par les cheminées toujours éteintes de Chéïkh-Fadl. L'usine, fondée aux beaux temps d'Ismaïl pacha, n'avait jamais été terminée. Le sable s'accumulait au pied de ses murs imparfaits ; des tuyaux de fonte et des fer-

railles de machinerie gisaient sur le sol, aban-
donnés avant d'avoir servi. A présent les cultures et les plantations de jeunes arbres alternent
presque à partir de Charronah, des pompes à
vapeur distribuent l'eau régulièrement derrière
les digues, des voies ferrées sillonnent la plaine,
et au moment de notre passage, plusieurs locomotives manœuvrent sur le quai à ranger des wagons
de canne à sucre. Des barques encombrées autant
que les trains s'alignent contre la berge et hâtent
leur déchargement; trois canots à vapeur attendent sous pression qu'elles aient fini de se vider
pour s'atteler à elles et les remorquer, une douzaine à la fois, aux villages où elles prendront une
cargaison nouvelle. Tout cela se fait rapidement,
au milieu de ce bruit assourdissant sans lequel il
n'y a point de bonne besogne en ce pays : les
matelots hurlent après les portefaix et ceux-ci
leur répondent sur un diapason plus suraigu, les
cheminées ronflent, les locomotives soufflent et
sifflent, les ânes braient d'un accord commun.
L'usine elle-même est devenue méconnaissable :
ses ateliers se sont achevés, et des constructions
fort propres sont sorties de terre à leur suite. C'est
d'abord une très belle maison, qui semble être
celle du directeur. Puis une sorte de porte triomphale de style mauresque ouvre son ogive en fer à
cheval, encadrée d'inscriptions arabes tracées au
noir sur un fond rouge et blanc; elle précède des

bâtiments en briques cuites, dont on ne saisit pas bien la destination du fleuve. Plus bas, un édifice long, à deux rangs d'arcades superposés, contient des magasins au rez-de-chaussée, à l'étage supérieur, des logements avec balcon réservés aux employés ; on dirait le siège social d'une société coopérative. Je déchiffre à la hâte plusieurs enseignes : *Épicerie et café, tabacs*, etc., le tout en français. C'est, en effet, un ingénieur français, M. Mahoudeau, qui a monté cette immense machine et tiré ce canton de sa torpeur, pour le compte de la Compagnie Say-Suarès ; ce n'est pas une satisfaction médiocre de constater quelle part nos compatriotes ont prise à la rédemption du pays.

N'est-ce là qu'une devanture, derrière laquelle la misère ancienne sévit aussi poignante toujours, et que revient-il au fellah de toute cette richesse? Par delà Chéîkh-Fadl, le paysage reprend sa physionomie d'autrefois et ne paraît qu'à peine effleuré par l'activité moderne. Le Déîr-el-Bakara a reblanchi les dômes de ses églises et taillé des rampes commodes sur la face de sa falaise, au lieu des escaliers en casse-cou par lesquels ses moines nus dévalaient afin d'aller mendier à bord des dahabiéhs. La région des tombes antiques qui commence par le travers de Miniéh n'a rien adouci de sa sauvagerie primitive : seulement les maçons et les fellahs de l'autre rive se sont attaqués partout à la montagne, et ils la déchiquètent plus qu'ils ne l'exploitent en carrière. Le changement ne paraît plus qu'aux endroits où la Compagnie Cook amarre ses chalands pour la promenade aux tombes de Béni-Hassan; les maisons y sont plus soignées, les habitants s'y habillent plus proprement et la demande du bakhschîsch y retentit universelle.

II

A PROPOS D'UN BROUILLARD
SUR LE NIL

Le 20 janvier 1904, par le travers du Gébel-Abou-Fédâ.

Ce matin, dès que les premiers rayons du soleil ont effleuré le Nil, le brouillard s'est levé. Des fumées blanches se sont mises à courir sur l'eau : en moins de dix minutes elles nous ont enveloppés et nous avons dû jeter l'ancre en plein courant. Ce n'est pas notre brume d'Europe épaisse et lourde, qui éteint le jour et qui assourdit les sons. C'est une fabrique aérienne et fluide, un flot de mousselines presque transparentes que la lumière imprègne de tons argentés et où tous les bruits filtrent affaiblis à peine. La vie continue autour de nous, mais invisible, et on l'entend sans plus savoir où elle est. Un âne braie quelque part, un coq claironne dans un chœur de poules caquetantes, un tumulte de querelle éclate sur une des barques voisines, une caille rappelle et, tout au loin, vers le Sud, le gros vapeur qui nous rencontra dès l'aube avec sa charge de touristes, siffle désespérément pour écarter les bateaux de sa route. Par moments, le rideau se fend et un coin de paysage s'ébauche flottant au hasard, mais le soleil, s'insinuant aussitôt par l'ouverture, fouette l'eau encore froide et en fait jaillir des vapeurs qui nous engloutissent de nouveau. Au bout d'une heure pourtant, un mouvement se propage dans la masse : elle s'atténue, elle s'étire, elle se déchire, elle s'envole par lambeaux qui s'usent et s'évanouissent en un clin d'œil. Le monde reparaît, à moitié perdu dans un chaos de formes tremblotantes qui vont se fixant de seconde en seconde. Cinq femmes émergent sur un éboulis étroit de terre brune, affairées autour de leurs cruches. Une berge surgit derrière elles et monte rapidement par échelons de verdure ; une digue l'arrête, au-dessus de laquelle des aigrettes de palmiers pointent, et bientôt, presque sans intervalle de temps, la ligne des collines se dessine toute rose sur le fond opalin du ciel. Pendant quelques minutes, un reste de buée estompe les contours, accuse les ombres, accentue les reliefs et, frôlant les objets, sépare nettement les plans qu'ils occupent. A mesure qu'il s'évapore, le relief s'amoindrit, les contours se précisent jusqu'à la sécheresse, les distances s'effacent ; il semble que les lointains de l'horizon se jettent en avant et que les plans, avec tous les objets qu'ils renferment se rapprochent jusqu'à se rejoindre et à se superposer l'un au-dessus de l'autre, tels qu'on les voit dans les tableaux qui décorent les murailles des hypogées memphites ou thébains.

Qui, en effet, après avoir navigué sur le Nil deux ou trois jours seulement, ne s'est pas senti amené à constater combien les scènes que les vieux Égyptiens retraçaient sur leurs monuments sont conformes à la nature présente et l'interprètent fidèlement, même dans celles de leurs conventions qui nous semblent le plus éloignées d'elle ? Le brouillard dissipé, la dahabiéh a repris sa course. Les matelots rament vigoureusement en rythmant la nage sur la voix du chanteur :

Fi'r-rodh ra'et — hebbi'l-gamîl.
(Dans le jardin j'ai vu — mon ami joli,)

et ils répètent tous à l'unisson, avec une intonation basse et traînante, *Hebbi'l-gamîl.* Avant même qu'ils se soient tus, le soliste attaque dans les notes hautes le refrain sacramentel, *ia lêl*, ô nuit ! Il bat le trille, prolonge les sons, les enfle, les étouffe, puis, à bout d'haleine, il arrête la dernière note d'un coup de gosier sec. Il se rengorge dans sa roulade, et, tandis que l'équipage éclate en applaudisse-

ments, je regarde à l'aventure le fleuve et les deux
rives. Là-bas, bien en ligne sur un banc de sable
fauve, une bande de grands vautours se chauffe au
soleil ; les pattes écartées, le dos voûté, le cou plié
et rencogné dans les épaules, les ailes ramenées en
avant de chaque côté de la poitrine, ils reçoivent
béatement la large coulée de lumière qui se répand
sur leurs plumes et les pénètre de sa tiédeur. C'est
ainsi que les vieux sculpteurs représentaient au
repos le vautour de Nekhabît, la déesse protectrice
des Pharaons et qui les ombrage de ses ailes. Sépa-
rez par l'esprit le plus gros de la bande, coiffez-le
du pschent ou du bonnet blanc, mettez-lui le sceptre
de puissance aux griffes, campez-le de profil sur la
touffe de lotus épanouis qui symbolise la Haute-
Égypte, vous aurez le bas-relief qui décore un des
côtés de la porte principale au temple de Khonsou,
mais vous aurez aussi, sous le harnachement, un
vautour véritable : la surcharge des attributs religieux n'aura pas supprimé la réalité de l'oiseau.
Un aigle pêcheur va et vient à vingt mètres au-dessus de nous en quête de son repas du matin. Il
décrit des cercles immenses, en battant l'air lentement, puis soudain il s'abandonne et il glisse
appuyé sur ses ailes, le corps suspendu entre elles,
les pattes allongées, la tête tendue, interrogeant
de l'œil les dessous de l'eau. A le voir filer ainsi,
presque immobile, on dirait un épervier des sculptures thébaines, l'Horus qui plane sur le casque du

Pharaon dans les batailles ou qui, déployé aux plafonds des temples, domine le trajet de la nef centrale des portes de l'hypostyle à celles du sanctuaire. Qu'il se laisse tomber tout à l'heure et qu'il se relève avec sa proie, il l'emportera du même geste et de la même allure dont l'Horus promenait à travers la mêlée son chasse-mouche mystique et son anneau symbole de l'éternité. Une bande d'ânes qui sort d'un creux derrière la digue, sous un faix de sacs gonflés, pourrait être celle-là même qui servit de modèle aux dessinateurs du tombeau de Ti pour la rentrée des gerbes. Le troupeau mi de moutons et de chèvres, qui suit trotte menu, se découpe d'un profil si précis qu'on le croirait composé uniquement de silhouettes en promenade; c'est un tableau descendu d'une paroi antique pour aller au marché voisin. Et tandis que les rivages défilent avec leurs épisodes de vie contemporaine, je reconnais animés et de grandeur naturelle les bas-reliefs des hypogées, les bœufs qui se rendent aux champs de leur pas mesuré, le labour, les pêcheurs attelés à leur filet, les charpentiers qui construisent une barque : ils ont installé leurs bers sur une plage en pente, et accroupis dans des attitudes de singes, ils clouent les membrures à force marteaux.

C'est du Nil que les créateurs de l'art égyptien prirent leur point de vue, lorsqu'ils s'ingénièrent à rassembler ces motifs isolés et à les graver harmonieusement dans les chapelles des tombeaux, pour assurer à leurs morts la continuation indéfinie de l'existence terrestre. Ils reléguèrent au bas de la muraille tout ce qui caractérisait la vie sur le fleuve même ou sur les canaux, les convois de bateaux chargés, les joutes de matelots, les scènes de pêche, la chasse aux oiseaux aquatiques. Plus haut, ils rangèrent les saisons de l'année agricole, le labourage, les semailles, les récoltes, le battage, la mise au grenier. Plus haut encore, ce sont les pâturages avec leurs bœufs ruminant à l'aise et par-dessus, touchant presque le plafond, le désert et les battues sur la piste des gazelles. Le panorama s'élargit ou il se resserre selon l'étendue des aires à couvrir, et tous les éléments qui le composent ne se retrouvent pas nécessairement reproduits partout : telle portion est supprimée chez l'un, développée chez l'autre ou amalgamée aux portions voisines, mais ce qui en est conservé se suit de bas en haut dans un ordre constant. Ces variations du thème antique se font et se défont à chaque instant sous mes yeux à mesure que la journée avance. A certains endroits, la rivière est déserte et ses berges sont vides, mais les charrues sillonnent la plaine, et les montagnes versent leurs pentes bises au-dessus d'elle. Un peu plus loin, la montagne s'est abaissée derrière l'horizon, et la plaine apparaît comme une plaque nue, sans végétation et sans habitations visibles. A trois ou quatre kilomètres en amont, le Nil s'anime soudain et de longues théories de bateaux s'y croisent, contrariées ou poussées allègrement par le vent du nord. Partout les plans où la vie circule, au lieu de fuir les uns derrière les autres, semblent s'élever les uns au-dessus des autres, comme dans les œuvres des vieux maîtres. Ceux-ci ont, il est vrai, simplifié à la fois et compliqué les motifs divers qu'ils se plaisaient à réunir. Ils ont presque de règle renoncé à rendre les terrains et ils leur ont substitué une seule ligne droite, sur laquelle les personnages compris dans une même scène se meuvent ou s'appuient. Ils ont exprimé dans les registres du haut des scènes que l'éloignement ne leur permettait pas plus qu'à nous d'apercevoir malgré la transparence incroyable de l'air, et ils leur ont prêté des proportions égales à celles qu'ils avaient données aux scènes des registres inférieurs. Ces défauts leur étaient imposés par le rituel de leur religion : ces tableaux qu'ils exécutaient avec une recherche si curieuse de l'exactitude, n'étaient-ils pas des charmes magiques, de la composition desquels dépendait la survivance d'un être humain après la mort? Le moindre oubli risquant de compromettre les destinées du *double*, les artistes avaient dû sacrifier les vraisemblances de la perspective à la vérité minutieuse du détail.

La dahabiéh vogue toujours, et le chanteur fatigué s'est interrompu pour reprendre haleine, mais ses camarades le rappellent brutalement à son devoir : « On te paie cinquante piastres de plus

que nous pour que tu chantes et tu veux te reposer : allons, ouvre ton bec et joue de la voix». Il se
fait prier quelques minutes, puis il recommence :

> Dans le jardin j'ai vu — mon ami joli,
> Qui s'agitait doucement — comme la branche du nabéca,

et l'équipage repart à sa suite : *comme la feuille du
nabéca,*

> Permets et accorde, — ô mon aimé,
> Et remplis tes promesses pour le mieux.

Sur le rivage, les gens des barques arrêtées, les
charpentiers, les conducteurs d'ânes, les femmes
qui puisaient l'eau, suspendent leur travail, écou-
tent ; quand le refrain arrive, leur contentement
éclate en « Ah ! » enthousiastes : « Allah ! Allah ! —
Bénie soit ta mère, l'homme aux chansons ! — Que
notre maître divin te préserve ! — Encore, encore,
encore, et que le salut du prophète soit sur toi ! »
Nous avançons au bruit de la joie populaire et nos
matelots répondent par des rires approbatifs aux
bénédictions qui pleuvent de la rive. L'air est lent,
doux, un peu triste, adapté au rythme de l'aviron ;
il n'a subi aucune altération depuis vingt-cinq
années que je l'entends, et certes, il s'est transmis
intact depuis des générations. On devait le chanter
avec des paroles égyptiennes, au temps où l'Égypte
avait des Pharaons, et Ramsès II l'entendit peut-
être alors que, revenu de ses campagnes syriennes,
il regagnait triomphant Thèbes la victorieuse.

III

LE COUVENT DE LA POULIE
AU GEBEL-ABOU-FÉDÂ

Le 18 février 1906.

Un peu avant Omm-el-Kouçour, la falaise se
fend, et par la déchirure on aperçoit une traînée
de tombeaux blancs et rouges que domine un mur
de briques grisâtres appuyé au rocher ; c'est une
apparition furtive, presque aussitôt effacée qu'entrevue, si étrange pourtant qu'elle se grave dans
l'esprit d'un trait inaltérable. Une fois, il y a
quatre ans, j'avais voulu l'approcher, mais j'y
étais arrivé vers la tombée de la nuit, et mes
matelots m'avaient conté des histoires de goules
à l'affût dans les replis de la montagne : il y allait
de la vie si nous nous aventurions à terre passé le
coucher du soleil, peut-être même n'étions-nous

pas en sûreté sur le Nil, à bord de la dahabiéh. Je respectai leur angoisse et je consentis à attendre au lendemain. Le lendemain dès l'aube, le réis démarra tandis que je dormais encore, et il me fallut remettre la visite à des temps meilleurs.

Je viens de la faire enfin, grâce à une brise fraîche du nord qui nous contraignit hier à relâcher ici. Il était deux heures et demie de l'après-midi, et sur la berge, des portefaix chargeaient du moellon dans des bateaux : comme les goules et les afrites ne se risquent pas volontiers au soleil, personne n'eut peur et ne refusa de m'accompagner. L'ouady ne mesure guère plus de cent mètres de large. Il se dirige au nord l'espace de quinze cents mètres environ, puis il se divise en deux branches dont l'une court droit vers le sud parallèlement au fleuve, tandis que l'autre oblique au nord-est et se perd dans le désert. Des carrières anciennes s'ouvraient il y a vingt ans sur le versant méridional, en vue du rivage; elles ont été détruites. Détruits également, la plupart des tombeaux gréco-romains qui prolongeaient vers l'intérieur la ligne des carrières; un seul subsiste où l'on distingue les débris d'une scène de résurrection, un Anubis à masque de chacal et une Nephthys en faction devant une momie couchée sur son lit funèbre. Tout autour, la montagne est à vif et la pierre s'étale en larges plaques blanches tachetées de noir aux points où les fourneaux de mine ont fait explosion. Combien d'étés faudra-t-il pour qu'elle se patine au soleil ? Quelques saisons d'exploitation maladroite ont ravagé misérablement ce que vingt siècles avaient respecté, et gâté comme à plaisir un des paysages les plus originaux de l'Égypte.

Vu de près, le cimetière ne garde pas l'aspect pittoresque qu'il avait à distance. Il était abandonné depuis longtemps lorsque, dans le milieu du XIXe siècle, les Coptes le réoccupèrent. Ils y revinrent d'abord un par un, à des intervalles éloignés, puis la mode s'en mêlant, les notables des villages bâtis sur la rive occidentale tinrent à honneur d'y reposer, comme dans une terre sanctifiée par les ossements des moines bienheureux. Le convoi arrive en plusieurs bateaux, atterrit bruyamment, et sitôt débarqué, il se forme, le clergé en tête avec ses cymbales et sa grosse caisse qui appuie la cadence des prières liturgiques, la bière à bras recouverte de son drap violet, la famille et les amis en costume de cérémonie, les femmes échevelées méthodiquement et prêtes à hurler au premier signal. Les tombeaux sont établis sur le même principe que ceux des musulmans. Pour les pauvres, un simple trou ou tout au plus une fosse basse maçonnée de briques sèches, l'un et l'autre chargés d'un amas de terre ou de cailloux avec une pierre levée à la tête et aux pieds. Un degré de plus dans l'ordre social, et le monticule irrégulier devient une banquette, un *mastaba* rectangulaire de briques, nu ou barbouillé sommairement d'un lait de chaux. Il y a pour les familles aisées de véritables concessions perpétuelles. Le caveau est réservé au milieu d'un radier de briques surmonté d'une voûte cylindrique également en briques, dont la hauteur atteint parfois deux mètres. Les faces étroites rappellent par l'apparence les stèles cintrées de l'époque pharaonique, et sur l'une d'elles, sur celle de l'ouest le plus souvent, le maçon dessine en briques cuites la croix grecque, le monogramme du Christ, une couronne, un losange. Les riches ont des clos où on les emmure en pompe quand leurs jours sont révolus. On n'y voit ni le crénelage à merlons arrondis, ni les chapelles à coupoles des cimetières musulmans ; ils renferment chacun plusieurs tombes pour le maître, pour sa femme, pour ses frères, pour ses enfants. Tout cela est entassé sans ordre et se rencontre aux angles les plus imprévus, le tertre affaissé du pauvre diable à côté du mausolée battant neuf du propriétaire de cent feddans. Les sépultures les plus anciennes se pressent au voisinage du fleuve. Quand la place manqua en cet endroit, les nouvelles gagnèrent rapidement vers l'est : peu s'en faut aujourd'hui qu'elles ne touchent le fond de la vallée.

Lorsque les moines s'installèrent là, peut-être dès le début du vi^e siècle, ils se logèrent au versânt méridional, dans les hypogées païens, et ils aménagèrent en église une des carrières creusées sur le versant nord. Elle comprenait une partie à ciel ouvert faisant esplanade, et deux ou trois chambres souterraines soutenues par des piliers épargnés dans le roc; ils les consacrèrent au culte, et ils construisirent tout autour une muraille assez robuste pour les protéger contre une attaque soudaine. Ruiné à plusieurs reprises, ce déïr a été toujours réparé, et naguère encore il a été remis à neuf par un riche personnage que la tradition locale appelle l'émir Tadrous. C'est, du dehors, un bloc de briques adossé au rocher et percé sur le front sud de cinq lucarnes haut placées. La porte s'ouvre en retour, à l'extrémité méridionale de la face ouest, une baie juste assez large pour admettre un seul homme, puis deux marches dans l'épaisseur de la maçonnerie, un lourd battant en bois, une pente raide resserrée entre deux bâtisses massives. La cour est bordée sur trois côtés de constructions, dont les unes persistent et dont les autres ont été rasées jusqu'aux fondations : au nord, des banquettes sur lesquelles les visiteurs ou les gardiens campaient la nuit, puis des pièces voûtées, dont l'une, celle qui occupe l'angle de la paroi rocheuse et de la courtine occidentale, renferme une boulangerie et des fourneaux de cuisine, tandis que les autres tenaient lieu de magasins à fourrage et à provisions. L'usage des chambrettes échelonnées le long de la face sud est indécis ; il y a dans l'une quatre jarres pour l'eau, et peut-être une autre servait-elle de cabinet d'aisances. Au milieu, le sol a été piétiné récemment ; il est semé de fientes d'âne. Des cendres sont accumulées dans un coin autour des pierres d'un foyer rustique : on y a cuit du pain et on a veillé auprès de la flamme. Des garde-côtes ont-ils bivouaqué ici pendant une de leurs rondes ? Des carriers empêchés de rentrer chez eux par un vent mauvais ? Des fidèles accourus de la rive opposée afin de célébrer une fête ou de prier sur leurs morts ? Les indigènes sont peu sensibles à l'intérêt pittoresque des lieux, et la seule beauté du site ne suffirait pas à les y attirer ou à les y retenir. Et pourtant la vue qu'on a d'ici, sans être des plus belles qui se puissent rencontrer, exerce un charme irrésistible sur l'Européen. A nos pieds, les tombes d'un blanc funèbre, l'ouady sillonné aux pluies de janvier, puis les hypogées violés, la montagne écorchée et meurtrie, une échappée de Nil reluisant, un va-et-vient de barques sous voile, une berge rayée de noir et de vert, une ligne d'arbres, un fond de montagnes roses, et répandue sur le tout, cette lumière d'Égypte qui harmonise les tons les plus disparates et caresse les yeux sans les blesser.

Un écran de briques barre l'entrée de la carrière jusqu'à environ quatre-vingts centimètres du plafond. Il est décoré à mi-hauteur d'un losange et d'une croix de briques cuites qui s'enlèvent en rouge sur les grisailles de la terre crue. La petite porte basse, enfoncée, revêche, qui s'abrite sous la croix, est fermée d'un battant bardé entièrement de fer et hérissé de gros clous. La clef se trouve probablement sur l'autre rive, à cinq ou six kilomètres d'ici, mais il y a toujours des accommodements avec les serrures orientales : l'un de nos matelots tire à droite, presse à gauche, applique deux ou trois coups de poing vers l'angle du bas, invoque le nom du Prophète, et nous voilà dans l'église. Les architectes coptes n'avaient pas modifié sensiblement l'œuvre des païens. Ils ont conservé les deux piliers qui étayaient le plafond, et par derrière, sur le grand axe, ils ont bâti une enceinte rectangulaire percée à l'ouest des portes rituelles : c'est l'*hékal*, le sanctuaire à trois niches où la table d'autel est dressée, où le prêtre dit ses messes. Il est revêtu de l'inévitable badigeon blanc auquel le temps prête des tons crémeux de vieil ivoire, et il est décoré, ainsi que les piliers, de croix et d'entrelacs rouges, semblables à ceux qu'on rencontre comme en-têtes de chapitres dans les évangéliaires soignés des xe et xie siècles. Il y a assez d'espace entre l'*hékal* et les piliers, puis entre les piliers et la façade, pour y simuler la disposition des basiliques ordinaires et pour y figurer tant bien que mal la nef et le narthex. Un petit nombre de fidèles y tenaient en se serrant au moment de la communion : le reste de la congrégation s'espaçait dans le large couloir qui tourne autour du sanctuaire. Là, derrière l'autel, des bancs ont été découpés pour elle dans le rocher et une chambrette qui paraît avoir rempli l'office de sacristie. Sur la paroi méridionale, en face de la porte, un escalier aux marches inégales mène à une sorte de courtine le long de la paroi Est, presque sous le plafond. Une fissure irrégulière la fait communiquer au sud avec un réduit long, bas, étroit, qui reçoit le jour de côté par trois lucarnes ouvertes sur l'ouady. C'était une galerie à peine amorcée que les moines ont négligé d'utiliser quand ils ont approprié le reste. Elle agit comme une manière de soufflet, et l'appel d'air qu'elle provoque maintient l'atmosphère fraîche et pure autour du Saint des Saints : on n'éprouve point dans cette église presque toujours close la sensation de lourdeur et d'étouffement qui est si pénible dans la plupart des cryptes de l'Égypte chrétienne.

Une lanterne commune, fer-blanc taillade et verre trouble, pend entre les deux piliers; un escabeau en bois gît renversé dans un coin, près d'un lambeau de natte trouée : il n'y a ni mobilier ni vaisselle qui tentent la cupidité d'un voleur ou excitent la rage d'un fanatique. Lorsqu'on chante

un office, ce qui arrive trois ou quatre fois l'an,
le prêtre apporte avec lui le matériel du culte. Le
reste du temps, l'église est à l'abandon, mais sa
nudité n'a rien de triste. La vie journalière devait
être dure aux malheureux que la vocation religieuse exilait dans ce coin du désert. On y a froid
l'hiver, lorsque la bise s'engouffre dans l'ouady et
qu'elle le balaie en rafale ; par contre, la chaleur
y est torride en été et les nuits n'y apportent point
de soulagement aux ardeurs des jours. Les moines,
mal vêtus, plus mal nourris, affaiblis par les
jeûnes démesurés que la règle leur prescrivait,
isolés chacun dans son hypogée parmi les reliques
et les souvenirs de la mort païenne, ne tardaient
pas à y endurer les mêmes tourments que subissaient les solitaires des laures thébaines. Les
momies dont ils ont usurpé la demeure s'animaient
à côté d'eux et elles leur racontaient l'histoire de
leur damnation. Des satyres et des monstres tour-
noyaient sous leurs yeux et cherchaient à les entraîner au désert. Des fées impures s'offraient à eux
dans l'éclat de leur beauté provocatrice, et parfois,
tandis qu'ils méditaient sur l'Écriture, des démons
experts aux subtilités de la théologie leur inten-
taient à l'improviste les objections les plus cap-
tieuses. Au sortir de ces luttes infernales, l'église
était pour eux le port de refuge. Le malin n'osait
pas les y poursuivre, et pendant le répit qu'il leur
y accordait par force, ils raffermissaient leurs

esprits pour les assauts prochains, dans l'entretien de leurs pères et de leurs frères spirituels ou dans la communion du Seigneur. On me dit que les tentations démoniaques se produisent quelquefois encore dans les couvents des bords de la Mer Rouge. Le temps en est passé pour nous, mais le sentiment de paix retrouvée que les moines éprouvaient ici persiste encore, assez pénétrant pour que même les étrangers de passage en soient saisis. Il nous gagne presque à notre insu, il nous imprègne, et lorsque nous quittons le couvent aux premières ombres du soir, nous en emportons quelque chose avec nous à bord de la dahabiéh.

IV

LA GROTTE DES CROCODILES
A MAABDÉH

Chékalkîl, le 2 février 1903.

Les cavernes que les remous du fleuve ont forées dans les assises basses du Gébel Abou-Fédâ ont abrité les derniers crocodiles de l'Égypte moyenne. On en comptait une vingtaine il y a trente ans : il n'y en a plus aujourd'hui. Les habitants des villages voisins les ont-ils tués un à un, ou bien ont-ils émigré en sourdine pour rejoindre au loin, vers le Sud, leurs cousins de Nubie? Personne ne soupçonnerait à quel point ils avaient pullulé dans ces parages, si nous n'en possédions la preuve dans les milliers et les milliers de momies dont les débris encombrent l'hypogée de Maabdéh.

C'est au hameau de Chékalkîl qu'il faut débarquer lorsqu'on veut les aller visiter. La berge est si haute qu'elle masque entièrement le pays au delà et qu'elle ne nous permet pas d'évaluer la distance qui sépare la montagne du Nil; il semble en mettant pied à terre qu'on en soit à cent ou deux cents mètres à peine, mais dès qu'on est monté sur la crête, on reconnaît qu'on était loin de compte. Une plaine se révèle, large, profonde, variée d'aspects et de cultures : beaucoup de blé, beaucoup d'orge, du helbèh, des fèves en fleur dont l'odeur encore engourdie par la fraîcheur du matin nous caresse douce et fine, des pois chiches, des lupins, du trèfle, le tout chétif et maigre, car depuis deux hivers la crue est insuffisante et le sol ne prodigue plus ses récoltes accoutumées. Déjà une partie des fourrages ont été coupés en herbes, faute d'eau pour les irriguer, ou bien on y a lâché le bétail avant qu'ils ne fussent desséchés. Nous croisons une avant-garde de chèvres et de chevreaux qui vagabondent, oreilles ballantes, sous la conduite de deux petites filles. Plus loin, une quarantaine de buffles et de vaches paissent au piquet et s'interrompent pour nous étudier. Le bouvier, un énorme gaillard barbu qui charme ses loisirs à filer de la laine, n'en revient pas de voir tant d'Européens ensemble : dans l'étonnement où notre brusque apparition le jette, il nous salue gravement d'un *salam aleikoum*, comme si nous étions des musulmans. Deux ânons soyeux qui folâtraient auprès de lui l'abandonnent, et, après nous avoir flairés une minute, ils se décident à nous faire un bout de conduite jusqu'au village, galopant, brayant, ruant, secouant leurs oreilles comiques avec la gentillesse de leur âge : mon guide m'assure qu'ils sont les propres neveux de mon baudet, et il admire, dans leurs cabrioles, une marque touchante de l'esprit de famille.

Maabdéh s'est agrandi beaucoup pendant ces vingt années. Il comprenait naguère deux ou trois groupes de cases misérables, séparées par des dépôts d'immondices et par des mares puantes. Les Bédouins Maazéh rôdaient aux alentours, dérobant les bêtes et saccageant les moissons : parfois même, lorsqu'ils rencontraient une femme ou un enfant isolés, ils les emmenaient dans leurs tentes et ils ne les rendaient plus. La surveillance qu'on a exercée sur eux depuis lors les a forcés à se corriger de ces mauvaises habitudes. Ceux d'entre eux qui n'ont pas préféré se retirer au désert ont acheté des terres et se sont improvisés agriculteurs : ils fréquentent de bonne amitié leurs victimes d'autrefois, et ils leur achètent leurs moutons ou ils leur demandent leurs filles en mariage au lieu de les leur voler. Le souvenir de leurs rapines persiste pourtant assez présent pour que les fellahs continuent à prendre leurs précautions contre un retour de sauvagerie. Leurs maisons neuves sont construites en briques cuites à la hau-

teur de un mètre cinquante, de manière à défier
la sape, puis au-dessus de ce soubassement, la
muraille monte en briques crues sans saillie,
sans ouverture, jusqu'au-dessus du point qu'at-
teindraient les échelles légères en usage dans la
région : elle défierait les assauts des Bédouins
trois ou quatre jours au moins, assez longtemps,
à coup sûr, pour que les postes de police voisins
accourussent à la rescousse. Maabdéh offre, d'ailleurs, le type commun du village de la Haute-
Égypte, ruelles étroites et sinueuses, tas de tessons, litière de fumier et de paille de dourah sèche,
clans de chiens à demi-sauvages qui errent nonchalamment en quête d'os à ronger, ou qui dorment en
travers du passage et grondent, sans se déranger,
sous le sabot de nos montures. On entrevoit de
droite et de gauche, par les portes entre-bâillées,
les dispositions et les scènes d'intérieur ordinaires, une courette irrégulière avec son banc de
terre battue, quelques poteries grossières éparses
dans un coin, le foyer, la lourde cruche que les
femmes ont remplie ce matin à la rivière, des
poules picorant, des enfants pleurant, et, au fond,
la niche où la famille entière se retire chaque
soir et s'entasse pour dormir. C'est le désordre et
la saleté dans toute sa hideur, mais non la misère,
bien que l'inondation ait été médiocre et que le
choléra ait fait rage. Les gens vivent dans ces
taudis parce qu'ils en ont l'habitude invétérée : il

en allait ainsi, il y a six mille ans ou plus, sous le
règne de Ménès, et ce qui suffisait alors aux pères
contente encore les fils de génération en génération. Le canal qui borne le village vers l'Est est
vide presque partout, et le peu d'eau qu'il a gardé
se concentre en flaques verdâtres aux endroits les
plus creux du lit. Les troupeaux s'y baignent, les
enfants y barbotent, les femmes y lavent, et, au
besoin, quand le loisir leur manque de descendre
au Nil, elles y puisent de quoi boire et cuisiner :
les ânes refusent d'y toucher du bout des lèvres,
mais les hommes s'en abreuvent sans sourciller,
sauf à mourir comme mouches en automne par les
temps d'épidémie. Au delà, le cimetière groupe
autour de son chéîkh à coupole grisâtre et de ses
deux ou trois sépultures familiales aux murs bas,
crénelés vaguement, ses rangées de tombes ano-
nymes indiquées à peine par quelque éclat de
pierre debout au chevet, puis, derrière le cimetière, l'escalade commence.

Le pied de la montagne s'enfonce dans une sorte
de moraine, sous laquelle les bancs de calcaire
vif percent de plus en plus fréquents à mesure
qu'on s'élève : ils s'en dégagent bientôt, et ils
forment comme un vaste escalier dont les marches
sont réunies par des plans inclinés de débris et de
sable. Au bas de la montée, des carriers ont mis
récemment à jour deux ou troix caveaux, rudes,
étriqués, bas de plafond, sans inscriptions ni sculp-

tures, garnis de *loculi* où les momies reposèrent
jadis : violés à l'époque romaine, une croix grecque,
tracée à la couleur rouge sur la paroi du fond,
prouve qu'ils servirent de retraite à des hermites
chrétiens. Un peu plus haut, un lit de calcaire plus
fin que les autres a été exploité dès l'antiquité, et
la silhouette des blocs s'y dessine nette partout,
de même que les sillons du ciseau qui les entama.
Plus haut encore, une masse de rochers se détache
et s'avance en éperon que surmontent deux ou trois
dents de silhouette fantastique, disloquées, lézar-
dées, si rongées à la base qu'elles demeurent suspendues en porte-à-faux, et qu'on redoute presque
de les voir s'écrouler d'un instant à l'autre. Le
sentier oblique vers le nord pour les éviter, puis
il rampe en lacet le long du flanc de la montagne
l'espace de cinq à six cents mètres, avant d'atteindre le rebord du plateau. La pente est raide, la
chaleur, réverbérée par le mur de calcaire contre
lequel nous marchons, nous enveloppe et nous cuit
lentement ; vers le sommet, au dernier tournant,
une bouffée de vent frais nous frappe au visage, et
un panorama immense se déploie d'un seul coup
sous nos pieds, la plaine verte et jaune, ses villages
embusqués dans les palmiers, le Nil cheminant en
courbes immenses qui moutonnent sous la brise,
les villes de l'autre rive, Manfalout, El-Hawatka,
Kawali, blanches et grises autour de leurs minarets, puis, à l'extrême lointain, la colline de Siout

qui projette sur l'horizon son profil nuancé délicatement de rose et de lilas tendre. Mille bruits
montent jusqu'à nous, le chant de cet ouvrier qui,
là-bas, tire sa chadouf, un salut de deux passants
qui se croisent sur la chaussée du canal, un bêle-
ment de mouton, les rires d'une bande de femmes
qui s'en vont puiser l'eau, le sifflet aigu d'un
remorqueur qui peine, tout essoufflé, avec un
convoi de cannes à sucre. L'air d'Égypte, qui
découpe si nettement la silhouette des objets, ne
mêle pas plus les sons qu'il ne brouille les plans
du paysage; il les transmet chacun avec sa valeur
entière, et s'il en adoucit un peu les discordances,
il ne les noie jamais dans un de ces ensembles où
les bruits de nos campagnes s'harmonisent et se
fondent les jours d'été.

Un temps de galop vers la droite et, en deux
minutes, toute cette vue ouverte sur la vallée s'est
refermée derrière un écran de rocher; le plateau
roule devant nous en mouvements d'un rythme lent
et souple qui vont s'éteindre insensiblement à l'est
dans la masse des collines arabiques. Partout le
sol étincelle et reluit comme s'il était de cristal ou
de sel : vérification faite, ce n'est que du talc en
éclats, les déchets d'une carrière que les Égyptiens
exploitèrent jadis et qu'ils crurent avoir épuisée,
mais où l'industrie moderne trouverait peut-être à
s'approvisionner largement. La sente traverse en
biais ce tapis de poussière lumineuse, ondulant

au gré de la pente sans que nous paraissions nous rapprocher du terme. Enfin, au bout d'une demi-heure, notre guide s'arrête et nous montre une crevasse dont les contours se dessinent en triangle sur la roche. Elle est longue de trois ou quatre mètres, et bouchée presque à demi par un bloc jeté en travers, du côté de la base. Faute de connaître la porte réelle, on s'introduit par là dans la grotte des Crocodiles. La plupart des touristes considèrent un moment l'ouverture et s'en vont : seuls les archéologues persistent, bien que l'intérêt de la visite ne compense pas suffisamment, même pour eux, les fatigues qu'elle impose. On s'accroche aux aspérités, un pied deci un pied delà, jusqu'à la profondeur de quatre ou cinq mètres, et dès l'abord, on est assailli aux narines par une odeur écœurante de momie mouillée puis fermentée lentement. Au fond, vers la gauche, sous le bloc transversal, un soupirail enfumé bâille où le guide s'est enfoncé déjà, bougie à la main. C'est un vrai terrier à renard qui s'élargit et se resserre à chaque instant, tantôt haut de près d'un mètre, tantôt si étroit que les voyageurs un peu gros y glissent bien juste, à frottement dur. On y avance comme on peut, sur les genoux, sur le flanc, sur le dos, sur le ventre, rampant, se tordant, coulant de droite et de gauche. La puanteur augmente, l'air se raréfie et semble gluant, tant il est chargé d'une poussière de poix ou de bitume, la chaleur devient intolérable : il faut compter cinq minutes, mais interminables, avant d'atteindre la première galerie de l'hypogée.

Elle n'est ni spacieuse, ni bien odorante, mais du moins on y tient debout et l'on y remue sans heurter le plafond. Elle rejoint d'autres galeries dont les enlacements et les retours forment un écheveau aussi embrouillé que celui des catacombes romaines. Les Arabes ont des histoires terrifiantes de touristes qui, s'y étant aventurés seuls, n'en ont jamais regagné l'issue et y sont morts de soif ou d'épuisement. Ils ne doutent pas qu'elles ne soient hantées de goules ou d'afrites pour lesquels la chair et le sang d'un Européen sont un régal sans pareil, et ils croient fermement que les voyageurs disparus ont été mangés vifs par cette engeance maudite de Dieu et de son prophète. Ce serait le cas de nous la faire décrire sur le théâtre même de ses exploits, mais si nous orientions la conversation vers ce sujet, nos gens seraient capables de se sauver du coup et de nous abandonner. Depuis que nous sommes entrés, les goules rôdent autour de nous, cherchant qui dévorer, et ce serait les exciter à nous assaillir que de prononcer seulement leur nom. Nous marchons donc en silence, examinant les lieux du mieux que la lueur trouble de nos bougies le permet. A ma première visite, il y a vingt ans, on butait partout contre des momies de crocodiles, non seulement ces cro-

codiles géants qui abondent dans les nécropoles
du Fayoum ou de Kom-Ombo, mais de petits crocodiles en bas âge, morts quelques jours ou quelques heures après leur naissance. Ils étaient ensevelis isolément ou par paquets, puis empilés les
uns sur les autres jusqu'à remplir complètement
les couloirs secondaires ; c'est au plus si les fossoyeurs avaient réservé une piste dans les galeries
principales pour vérifier l'état de la masse. On y
rencontrait d'espace en espace quelques momies
humaines, celles des prêtres du dieu Sovkou et
des fidèles qui lui avaient voué un culte spécial :
ils devaient payer cher la faveur de reposer éter-
nellement parmi les incarnations de leur patron
mystique. Ce qui leur prêtait à tous une valeur
spéciale, c'est qu'hommes ou bêtes, ils étaient
souvent bardés de papyrus, actes notariés, lettres
privées, reçus, quittances, circulaires administra-
tives, mais aussi volumes dépareillés ou déchirés
des auteurs classiques de la Grèce. Harris leur
dut, il y a soixante ans, des fragments d'Homère
et les feuillets d'un manuscrit qui contenait les
discours perdus d'Hypéride l'Athénien : n'avait-on
pas chance de recueillir d'autres œuvres plus
importantes encore, celles de Sapho ou d'Alcman ?
Les fouilleurs arabes, encouragés par les savants
européens, se sont introduits subrepticement dans
la grotte vers 1890, et ils y ont saccagé ce qui avait
échappé à l'injure des siècles. Ils ont éventré les

grosses momies, écrasé les petites ; un beau jour,
au milieu de leurs opérations, deux d'entre eux ont
renversé sur les débris une des méchantes lampes
à pétrole qu'ils emploient pour s'éclairer. On se
figure avec quelle rapidité le feu se propagea dans
ces amas de chiffons et de matières organiques
sursaturées de natron et de bitume. La légende
veut qu'il y a longtemps déjà, un Anglais périt avec
son drogman dans l'incendie que son imprudence
avait allumé : les gens qui m'accompagnent prétendent que les deux Bédouins eurent le même sort.
Que leur récit soit véridique ou non, ce ne sont
partout que lambeaux de toile roussie ou réduite à
l'état d'amadou, momies carbonisées, ossements
calcinés; le plafond et les parois latérales sont
enduits d'une suie grasse qui tombe parfois et gré-
sille à la flamme de nos bougies. Cependant, le
guide nous affirme qu'il sait où est la porte réelle,
celle par laquelle les Égyptiens introduisaient les
cadavres; les débris accumulés contre elle forment une couche si dense qu'il faudrait beaucoup
d'argent pour la percer, plus d'argent à coup sûr
que cela ne vaudrait. Il nous propose de nous y
mener, mais l'indécision de sa voix nous prouve
que la corvée ne lui sourit guère. Tout à l'heure,
quand nous serons remontés au soleil, il nous
déclarera qu'un je ne sais quoi d'innommé a
remué dans l'ombre, derrière nous, sans doute un
mauvais esprit animé des pires intentions; pour le

quart d'heure il se borne à nous remontrer que c'est loin, très loin, et que nos trois bougies sont à demi consumées. La raison est bonne, et d'ailleurs nous en avons vu assez pour comprendre que désormais l'archéologie n'a plus grand profit à espérer d'un site aussi dévasté. Nous rebroussons donc, à quatre pattes. Voici un peu de jour qui filtre sous roche, voici l'orifice du soupirail, la crevasse, un triangle de ciel bleu au-dessus de nos têtes, la pleine lumière. On nous empoigne, on nous hale, on nous dresse sur le plateau, clignotants de l'œil comme des hiboux, mais enchantés, malgré tout, de notre incursion chez les crocodiles.

Il est doux de revoir le soleil et de respirer à francs poumons la brise saine du nord; il est imprévu et flatteur de recevoir les honneurs militaires au sortir d'un trou de momies. Tandis que nous explorions la grotte, le plus vieux des deux omdéhs qui se partagent le gouvernement de Maabdéh, apprenant que le directeur du Service des antiquités visitait le pays *incognito*, lui avait dépêché, avec toutes ses excuses pour le rhumatisme qui l'empêchait de se présenter lui-même, la force armée locale, six ghafirs en blouse bleue, coiffés d'un toquet noir à bande rouge et porteurs de fusils à piston. Saluts, maniements d'armes, et nous voilà obligés de redescendre dans la plaine majestueusement, non pas comme de simples voyageurs libres de leur allure, mais comme de hauts personnages astreints à l'étiquette la plus rigoureuse. L'omdéh nous attend chez lui pour nous offrir le café traditionnel et ce serait le blesser que de décliner son invitation. Il demeure dans la plus forte des maisons neuves que nous admirions ce matin à l'aller. La porte, dissimulée à l'angle sud-ouest de l'enceinte extérieure, nous introduit dans un couloir encaissé entre deux murailles aveugles et sourdes ; à l'extrémité, vers la gauche, une baie se creuse par laquelle nous débouchons dans la cour d'honneur. L'habitation proprement dite est précédée d'une vérandah dont le perron s'encadre entre deux candélabres de bronze. Elle est distribuée selon le plan usuel, un vestibule éclairé de vitrages multicolores, un salon garni de divans, et par derrière, une salle de réception meublée à l'européenne. Avant de revenir au village natal, notre hôte séjourna plusieurs années au Caire, et il remplit un petit emploi dans un ministère : il en a rapporté des manières courtoises et un langage fleuri qui contrastent avec la rusticité de son entourage. Il possède j'ignore combien de feddans de bonne terre entre Maabdéh et Abnoub, et il n'en retire pas le bénéfice qu'il souhaiterait, mais, somme toute, il n'est pas mécontent de son sort. Tandis que nous buvons son café en claquant des lèvres par politesse, il nous expose que, malgré la faiblesse de la crue, l'année ne sera pas désastreuse. Ses vaches et ses brebis ont été fécondes, ses brus lui ont donné trois garçons vigoureux depuis quelques semaines, et le choléra ne lui a tué aucune personne de sa famille. Sa maison est fraîche l'été, chaude l'hiver, et maintenant que nous l'avons honorée de notre visite, le malheur n'osera plus la toucher : la prospérité y réside à jamais.

V

SIOUT EN FIACRE

Siout, le 20 décembre 1899.

On débarquait naguère au hameau d'El Hamra pour aller à Siout. El Hamra n'offrait rien qui le distinguât des nombreux villages rencontrés jusqu'alors : le port n'était que la digue côtière plus ou moins dégradée par les allées et venues de la foule, mais on y voyait amarrées un nombre de barques plus grand que partout ailleurs, des dahabiéhs de plaisance attendant le locataire de la saison, trois ou quatre vapeurs, les chalands du charbon et de la poste et, travaillant solitaire dans son coin, la drague infatigable du canal Ibrahimiéh. Le fleuve avait ses caprices, et parfois, il serrait sa berge de près, parfois il lui jetait sur les pieds des monceaux de sable qui écartaient d'elle les bateliers. De 1883 à 1885, la plage de hasard mesurait environ deux ou trois cents mètres de largeur;

la crue de 1885 la balaya d'un seul coup et ramena
le trafic à la rive. D'El Hamra, une belle chaussée
ombreuse conduisait le voyageur, en serpentant,
à la poste d'abord, puis à la gare du chemin de
fer et de là, à la ville. Elle aboutissait à un pont
jeté sur le canal qui enveloppait Siout de ses
replis, et tous ceux qui ont visité en photographies
l'Égypte d'alors ont admiré le joli tableau qu'elle
présentait là, l'eau dormante du canal avec ses
reflets de maisons et de jardins, le pont aux arches
boiteuses, le groupe de sycomores touffus qui
ombrageait la porte de la moudiriéh, la moudiriéh
elle-même et sa cour oblongue, plantée d'arbres,
ses employés courant de bureau en bureau, un
papier à la main et le calame derrière l'oreille, la
foule bigarrée qui errait à travers sans s'inquiéter
du travail administratif. Tout cela n'est plus que
chose du passé. L'élargissement de l'Ibrahimiéh,
la construction de la digue et les mouvements de
vase qui en sont résultés ont été funestes au vieux
port; les petites barques y abordent, mais les chalands des compagnies de navigation, les charbons,
les bateaux-postes, les dahabiéhs, tout ce qui faisait la vie d'El Hamra s'est transporté à l'autre
extrémité de la rade, à la pointe Sud-Est, presque
en face d'El Ouastah (1).

(1) Depuis l'achèvement du barrage en 1902, le trafic a remonté
vers le Nord : il se trouve aujourd'hui presque à l'endroit où il
était il y a trente ans.

La première chose qu'on remarque en accostant, ce sont des fiacres en maraude au voisinage des débarcadères, nos petites voitures ouvertes de Paris, avec capote mobile, tablier de cuir, strapontin, deux chevaux efflanqués et un cocher numéroté ; prix de la course 3 fr. 75 si l'on se contente de flâner par la ville, 5 francs si l'on s'aventure à la montagne afin de visiter les tombeaux. Les âniers abondent encore, bousculants et braillards, mais ils n'affichent plus, à beaucoup près, la noble insolence d'autrefois ; ils sentent que leur règne s'achève et ils se font humbles, dans l'espoir d'enlever un client à la concurrence. Ils en sont d'ordinaire pour leur effort de politesse. On appelle un fiacre, on s'empile quatre sur les coussins, on s'accroche où l'on peut, et l'on part à la grâce de Dieu. On file d'abord le long du fleuve, sur le sentier de halage, entre la lisière d'un champ de dourah dépenaillé et le rebord croulant de la berge : c'est une chute de deux ou trois mètres en perspective au moindre écart des chevaux, mais les chevaux n'écartent point, et pendant dix minutes tout l'équipage roule, tangue, saute par-dessus les bornes et les rigoles d'irrigation, manque d'une roue de derrière, penche, va tomber, ne tombe pas cette fois encore, par la vertu du saint inconnu qui pourvoit à la sécurité des fiacres en Égypte. Après cinq ou six minutes de cet exercice préliminaire, on tourne à gauche, et au galop vers

la ville à travers un quartier de matelots, une
rangée de maisonnettes en construction, deux ou
trois bacals bourrés de conserves, de pétroles et
de cotonnades, un *Sudanese bar* suintant le raki et
les alcools frelatés, des dames dévoilées et peintes
aux vêtements flamboyants, une gargote en plein
vent où des ragoûts de mine inquiétante mijotent
avec assaisonnement de poussière. Un intervalle
vide, hanté de chiens et de poules errantes, puis
un faubourg riche, des villas bleues, roses, vert-
pomme, jaunes, habitées surtout par des Coptes,
des jardins, des cafés, des restaurants, des hôtels
aux enseignes françaises, grecques, italiennes,
enfin le chemin de fer. Deux convois de marchandises manœuvrent aux côtés d'une caravane de
chameaux chargés de cannes, et le train de 5 h. 55
siffle désespérément en partance pour Miniéh.

Au delà, nouvelles villas, nouveaux restaurants,
nouveaux hôtels, et, soudain, l'entrée du vieux
Siout, défigurée par des embellissements européens. Un côté du canal est à sec, la porte de la
moudiriéh a été abattue pour les besoins du trafic,
mais la cour est demeurée la même, et la ville a
changé fort peu. La rue montante qui s'emmanche
droit les derrières de la moudiriéh est telle que je
la connus en 1881, et si les ruelles qui appuient
vers la gauche dans la direction de la montagne
ont été élargies, du moins les bâtisses récentes y
sont-elles du style arabe courant et ne font-elles

point disparate avec les anciennes. C'est à peine si le fiacre ralentit son allure en les parcourant, mais la foule, qui se méfie autant que celle du Caire de la manière d'être des cochers, se gare soigneusement sur notre trajet. Un coude brusque et voici la place du marché, encore encombrée d'hommes et d'animaux, voici la jetée courbe par laquelle on accède aux tombeaux, voici le pont édifié en partie sur les piles du pont mamelouk qui vit les soldats de Desaix et les savants de la Commission, voici à droite, par delà le canal, le palmier et les coupoles du cimetière musulman, voici... Mais qu'a-t-on fait à la montagne? Une sorte d'usine grise et blanche s'y colle à mi-hauteur, des éboulis en maculent la pente, un gros tuyau de fonte l'escalade à moitié enfoui sous les gravats, des trous de carrière bâillent un peu partout, et des fours à chaux fument au pied, sur la route de Dronkah. La compagnie des eaux s'en est emparée, et elle y a creusé ses réservoirs. L'abattoir s'est installé au bas, contre les premières sépultures modernes. Les hypogées antiques ont été sauvés des entrepreneurs, non sans peine : ils ont chacun leur grille en fer, leur numéro, leur porte, dont un Bédouin, numéroté lui aussi, tient les clés à la disposition des touristes.

Le jour décline. Les derniers visiteurs du cimetière reprennent le chemin de la ville, et, pêle-mêle avec eux, les bandes de forçats enchaînés qui travaillaient aux carrières sous la surveillance d'une escouade de gendarmes. Le coup de canon traditionnel vient d'annoncer bruyamment la fin du jeûne pour la journée. Les rues fourmillent de monde et les marchands, légèrement assoupis par la faim pendant les heures lourdes de l'après-midi, se raniment avant de fermer pour la nuit. Le grand bazar a conservé sa physionomie originelle et peut-être répond-il mieux que ceux du Caire à l'idée qu'on se fait d'un marché oriental, tant l'élément européen ou levantin y est faible encore. Une toiture de planches à la mode d'autrefois recouvre l'avenue principale dans sa longueur et elle règne même sur quelques-unes des ramifications secondaires. C'était déjà une affaire délicate que de le parcourir à baudet, et il fallait manœuvrer adroitement la bête afin de ne pas culbuter l'un ou l'autre des éventaires qui de droite et de gauche rétrécissent la chaussée : aujourd'hui les cochers s'y engagent et ils y poussent leurs voyageurs, comme s'il s'agissait d'une rue solitaire. De vrai, ils n'y avancent que pas à pas, et les marchands profitent de leur circonspection calculée pour insinuer leurs offres de service aux Européens. L'un s'adresse aux femmes et leur secoue sous les yeux des voiles en une sorte de filet noir, brodés et pailletés d'or ou de cuivre, d'argent ou de nickel. Ceux-ci sont pour rien, deux guinées la pièce, et c'est pour vous obliger vous personnellement qu'il modère à ce point son prix, mais ne lui proposez pas vingt francs dans l'espoir de vous débarrasser de lui par un rabais extravagant : il finirait par vous prendre au mot et il gagnerait moitié sur la valeur réelle. Un autre agite des chasse-mouches en ivoire et en ébène, incrustés d'argent ou d'or, rehaussés de vermillon. Un autre attire votre attention sur la beauté des vases qu'il fabrique, ces jolis vases en terre vernissée rouge et noire, dont la plupart ont le défaut d'être la copie servile d'un modèle français ou viennois en métal. Cependant la voiture fait digue en travers de la voie ; elle laisse à peine sur le côté, entre la roue et les étalages, un couloir de cinquante centimètres par lequel le flot des piétons s'écoule péniblement. De temps en temps un brave homme, confiné dans son échoppe, s'impatiente placidement et demande à voix basse qu'on veuille bien en finir, ou un flâneur serré contre l'essieu se rebiffe et, selon la formule arabe, maudit le père du fâcheux qui le bouscule ; mais ce sont là des impatiences presque isolées et la foule, qui s'accommode de son mieux à l'obstacle, semble s'intéresser aux débats de ses concitoyens du pays avec leurs chalands d'occasion. Figurez-vous maintenant un touriste désœuvré bloquant une demi-heure durant l'une des voies commerçantes de Paris ou de Londres, et imaginez, si vous le pouvez, l'humeur des boutiquiers riverains.

VI

SUR LE NIL

Kénèh, le 26 décembre 1899.

Le Nil va, vient, se tord en immenses replis sinueux à travers la plaine, et le courant, rebondissant d'un bord à l'autre, abandonne une plage de sable sur la rive qu'il fuit, ronge sans pitié et taille à pic la côte contre laquelle il appuie. La berge corrodée sans relâche s'éboule perpétuellement sous l'effort; des champs entiers disparaissent en détail avec leurs cultures, et les villages eux-mêmes descendent au fleuve morceau par morceau. Leurs palmiers les défendent d'abord et retiennent les terres au chevelu de leurs racines, puis ils chavirent et se couchent sur la pente; on les voit pendre quelque temps la tête à l'eau, la motte en l'air, jusqu'à ce que les remous aient achevé de les détacher et les emmènent à la dérive. Les fellahs qui n'ont rien fait pour les sauver ne s'avisent pas davantage de protéger leurs maisons. C'est au plus s'ils les consolident de quelques pierres, tandis que le sol manque déjà sous elles ; puis, à mesure que l'œuvre de destruction s'accomplit, ils se réfugient de chambre en chambre tant qu'un espace leur reste, suffisant à les abriter eux et leur famille. Lorsqu'enfin il leur faut vider les lieux, leur expérience récente ne les rend pas plus sages, mais l'emplacement nouveau qu'ils choisissent est presque toujours aussi exposé que l'ancien. Le terrain leur est concédé par la communauté, les matériaux ont peu ou point de valeur. Des branchages entrelacés ou des briques sèches à crépis de boue pour les murs, des nervures de palmier ou des tiges de dourah enduites de boue pour la toiture, une ou deux pièces basses, une cour étouffée où gîtent la volaille et le bétail, un foyer garni de pierres plates, des nattes, un ou deux coffres en bois, des cruches, un peu de poterie grossière : une famille de fellahs pourrait changer ainsi de logement une ou deux fois par an sans qu'il lui en coûtât qu'une dizaine de jours de travail, et le Nil ne lui causerait pas grand dommage matériel à l'exproprier ainsi chaque saison. La richesse croissante commence pourtant à secouer l'apathie héréditaire, et, dès que les gens ont gagné assez d'argent pour se procurer un logis convenable, du genre de ceux qu'ils auraient dans les villes, ils essayent de lutter contre les fantaisies conquérantes du fleuve, et ils réussissent parfois à les réprimer pendant un moment, mais alors il ne désarme pas : de si près qu'on l'observe, il finit par déjouer la surveillance, et le point qu'il a choisi succombe tôt ou tard en dépit des empierrements.

Abnoub est un gros bourg de la plaine arabique, au coude de l'un des « sept tours » que le Nil décrit nonchalamment entre le Gébel Abou-Fédâ et Siout. Il consistait jadis en un amas de paillotes groupées autour de deux ou trois maisons blanches mal entretenues, et, comme beaucoup des villages du Saïd, il cachait son aisance sous des dehors de délabrement et de misère. Des Coptes et des Européens s'y sont édifié, il y a cinq ou six ans, des habitations moins rudimentaires; les indigènes, incités par l'exemple, ont démoli leurs cahutes et les ont remplacées par des habitations mieux en rapport avec leur fortune. L'Abnoub actuel s'annonce d'assez loin vers le Nord par une douzaine de villas échelonnées sur la rive, et dont l'aspect et la couleur rappellent aussitôt les panoramas de villas pharaoniques qu'on rencontre parmi les peintures des hypogées thébains : on dirait que l'une d'elles a été copiée trait pour trait sur une fresque célèbre du tombeau d'Anna, avec son corps de logis cubique, son toit plat, sa façade percée d'un seul huis étroit au rez-de-chaussée et de deux petites fenêtres au premier étage, son long mur hérissé au faîte d'une rangée de branchages, interrompu de trois portes aux battants barbouillés de rouge, son jardin de palmiers, de doums et d'acacias. Au delà, une sorte de carrefour irrégulier, ombragé de nabécas et de sycomores, puis le gros des constructions, les unes à peine achevées, les autres en voie d'achèvement, et, dominant le tout, trois pavillons à la turque, le premier rouge sombre, le second gris, le dernier bleu de deux tons avec des encadrements rouges aux parois, des moucharabiéhs, un dôme vitré pour éclairer le salon. Juste à leur pied, des cônes d'éboulement s'étalent sur la berge, à l'endroit où le Nil pèse. Le flot n'a pas miné seulement l'amas ordinaire des bâtisses en pisé ou en briques sèches : il a livré l'assaut aux édifices en briques cuites et en moellons dont les fondations profondes semblaient défier son pouvoir, et il en a démantelé la plupart. Certains pans de murs se sont affaissés tout d'une pièce et ils n'émergent plus qu'à moitié ou ils gisent à mi-pente ; d'autres tiennent bon sans qu'on sache comment. On distingue à la volée une échappée de ruelle solitaire à travers une baie de porte, qui subsiste seule de l'édifice auquel elle appartenait. Une hôtellerie éventrée exhibe son patio bordé de deux rangs d'arcades en plein cintre. Des poulets picorent parmi les décombres, de longs porcs efflanqués les explorent du groin en quête d'une pâture problématique ; les enfants y jouent, et les gens du voisinage s'y assemblent en conciliabule pour regarder passer le bateau et discuter la qualité des étrangers qui le montent.

Et partout à droite ou à gauche, de Siout à Kénèh, il n'y a guère de ville ou de hameau riverain qui n'ait eu à souffrir plus ou moins de la rapacité du courant. Il a dévoré le portique du temple d'Antée à Gaou-el-Kébir, la moitié de la Mosquée des Porcelaines à Girgéh, des fermes, des sakiéhs, des pompes à feu, des quartiers d'usine. Il a mis la sape au Tell abrupt de Héou, sous lequel les ruines de la petite Diospolis sommeillaient depuis des siècles, et il les aura vite culbutées si l'on n'y remédie. Il en coulait à cent mètres pour le moins vers 1884 et l'on eût juré qu'il n'y mordrait jamais, mais les fellahs lui ont préparé les voies : ils sont venus exploiter les dépôts de poussières nitreuses, le sébakh, dont ils fument leurs champs, et ils ont défoncé le tertre en tout sens. Le flot s'est précipité comme par autant de brèches par les tranchées qu'ils avaient creusées, et, après avoir raviné la masse, il l'emporte par larges pans d'année en année. Une mosquée érigée sous l'un des derniers sultans mamelouks subsistait presque intacte, auprès des blocs épars qui indiquaient la position du temple ptolémaïque. La portion que la rivière baignait s'est écroulée un beau jour : le minaret se dresse solide et droit sans rien avoir perdu que son enduit blanc, mais le mur du nord s'est renversé, la cour apparaît béante, l'état des arceaux qui en garnissent le fond et les côtés annonce une catastrophe prochaine. Cependant les fellahs continuent, et, tout en s'affligeant du malheur qui a frappé leur sanctuaire le plus vénéré, ils hâtent par leur imprévoyance l'instant de sa ruine complète : ils y accourent au sébakh de toute la province, et l'on ne passe jamais devant Héou sans y apercevoir amarrées une douzaine de barques en chargement ou déjà chargées.

Le Nil serait-il moins vivant qu'autrefois ? Dans la moyenne Égypte, entre le Caire et Siout, le service des sucreries y entretient un mouvement de batellerie considérable. On y croise encore par intervalles ces longues envolées de barques qui lui prêtaient un aspect si pittoresque, barques de deux ou trois mâts cinglant à grande allure sous leurs voiles en ciseaux, barques plus petites qui portent crânement leur voile unique en verrouil en travers du mât, barques de grains ou de fourrages, barques de paille hachée qui semblent de loin des meules flottantes, barques de cruches rougeâtres ou de vases poreux, les *zîr* et les *goulléh* qui filtreront l'eau des Cairotes et la rafraîchiront. Des remorqueurs montent et descendent au voisinage des usines avec leur queue interminable de chalands pleins ou vides : c'est, au moins dans la saison des cannes, un tapage perpétuel de sifflets à vapeur et de roues fouettant l'eau. Au sud de Siout, le bruit s'éteint. Les vapeurs de la poste rompent le silence une heure durant à retours périodiques, et, pendant les mois d'hiver, les paquebots de la compagnie Cook ou ceux des entreprises rivales ; mais, quand ils se sont éclipsés au tournant prochain, la solitude s'établit de nouveau pour des journées entières, troublée à peine par le passage de quelques bateaux isolés ou par les évolutions des haleurs et des pêcheurs locaux. Beaucoup de marchandises qui naguère empruntaient la voie fluviale gagnent aujourd'hui le Caire en wagon, et la plupart des touristes préfèrent se rendre en chemin de fer à Louxor et aux cataractes. Ils n'abondent point : la peste d'Alexandrie ou la guerre en ont effarouché un grand nombre, et ceux d'entre eux qui se sont embarqués ne l'ont point fait sans inquiétude, à cause de la baisse rapide du fleuve. A dire le vrai, ils ne peuvent s'empêcher de penser qu'on a voulu se moquer d'eux en leur racontant que le Nil est pauvre cette année, lorsqu'ils contemplent tout d'abord la largeur et la violence de son courant. La nappe se développe sous leurs yeux, large de huit cents mètres, de mille, de douze cents, plus semblable à un de nos lacs qu'à une rivière ; comment s'imaginer que déjà elle ne suffit plus à la navigation ?

Un ou deux jours d'expérience ne tardent pas à leur apprendre ce qu'il en est. De longs dos de sable s'étirent partout en travers du lit immense, les uns cachés encore mais qui trahissent leur existence par un frisson léger à la surface, d'autres émergeant de quelques centimètres à peine, d'autres déjà hauts de plusieurs pieds, et ils dessinent d'espace en espace des archipels d'îlots échancrés bizarrement, où toute l'oisellerie du Nil semble se donner rendez-vous. Cormorans, vanneaux, hérons bleus et cendrés, grues, pélicans, cigognes, canards de plume variée, ils manœuvrent en flottilles de pêche ou ils digèrent sur la grève en rangées méditatives ; s'ils sont dérangés par un fâcheux, ils s'envolent d'un seul jet aux ordres de leurs chefs pour s'aller poser ailleurs et renouer leurs rêveries interrompues. Le chenal serpente capricieusement entre les bancs visibles et invisibles, si étranglé par places et replié en coudes si brusques qu'un bateau de dimensions moyennes n'y peut évoluer qu'avec précaution, si peu profond qu'il faut pour en sortir ne pas caler plus d'un mètre. Le pilote se tient à l'avant, l'œil prompt à saisir le moindre indice, un changement de couleur, un clapotis, une ride imperceptible pour un autre que pour lui, et le long bâton — le *médréh* — à la main, il s'en va, sondant son chemin d'instant en instant : il transmet ses ordres au timonier du geste et de la voix, et l'accord le plus complet entre ces deux hommes évite seul les accidents dans les passes dangereuses. Le premier ensablement est rarement pour déplaire au touriste : la nouveauté de la situation et le tumulte du dégagement l'amusent presque toujours. Sitôt que le choc s'est produit, l'équipage a empoigné les *médréhs*, et les plantant fermement dans le gravier par le bout ferré, l'autre bout à l'épaule, il s'efforce de tous ses muscles. Personne en Égypte ne travaille à la muette, et les matelots moins que les autres gens de métier : les invocations éclatent, à Dieu, au Prophète, aux saints locaux et généraux, « Allah ! Houa ! Ia Mohammad ! Ia Ahmad ! Ia Embahi ! Ia Abbasi ! » et coupées de l'éternel « *Hélé hélé !* » rythment les mouvements. Si l'effort n'aboutit pas, on mène la felouque au large, on mouille l'ancre, on se hale sur elle, et, se halant, on traîne de gros vapeurs sur le gravier ou sur la vase, l'espace de cent mètres et plus. Lorsque l'opération ne dure qu'une heure ou deux, l'intérêt ne faiblit pas, et le touriste repart, enchanté d'avoir été mêlé lui aussi à l'un des accidents de la vie du Nil. Il y a des ensablements de six heures, il y en a de dix, de douze, de vingt-quatre, il y en a qui se perpétueraient des mois entiers jusqu'au retour de la crue, si l'on n'avait recours au moyen suprême. Le capitaine descend à terre et va au village le plus proche requérir les notables, l'omdéh ou les chéîkh el-beled de lui fournir des hommes de renfort. C'est une corvée obligatoire qu'on paye quelquefois, mais qui est gratuite le plus souvent. Tout ce qu'il y a de fellahs disponibles se jette à la rivière, tirant de la corde, raidissant les bras, s'arc-boutant du dos, soulève le bateau, le meut, le conduit en eau profonde. On se blase vite des ensablements, et lorsqu'ils surviennent on ne trouve pas d'abord assez d'injures dans le vocabulaire arabe pour maudire la maladresse du pilote et du timonier, puis, comme il n'est juron qui serve, on se blase de sa propre colère et l'on s'arrange philosophiquement pour tirer le meilleur parti de l'incident. Ce n'est, après tout, que demi-mal, s'il arrive au milieu d'un beau site, et je n'ai qu'à me louer, quant à moi, de la malechance qui m'engrava à plusieurs reprises presque au pied du Gébel Abou-Fédâ. Si, au contraire, on n'a pour se consoler que le spectacle d'une rive sablonneuse et un horizon borné par des digues égayées de poteaux télégraphiques, le moment est bon à liquider les arriérés de correspondance et d'affaires urgentes dont la variété attachante des rives avait différé le règlement.

Ce qui est au plus une gêne pour le voyageur menace de devenir une calamité pour l'indigène. Le Nil est aussi vide vers cette fin de décembre qu'il l'est vers la fin d'avril pendant les années communes, et sa décrue, loin de se ralentir comme on voulait l'espérer, continue régulière ou même se hâte par instants : encore quelques semaines et on le franchira à gué en plus d'un endroit. Aussi bien les nouvelles de l'intérieur sont déplorables. Il a neigé peu et plu moins en Abyssinie et sous l'Équateur, et les réservoirs auxquels le fleuve s'alimente ne se sont pas emplis suffisamment l'an dernier ; le Nil Bleu est à bout d'haleine, le Nil Blanc s'affaiblit de plus en plus, et la vaste cuvette du Victoria Nyanza est d'un mètre au-dessous de son niveau habituel. Les deux tiers du Saîd n'ont pas été irrigués et ils ne produiront rien avant le retour de l'inondation. Près d'Akhmîm, le moulin français a procuré l'arrosage des champs situés autour de la ville, mais, malgré le labeur incessant de la chadouf, le reste du canton est en friche : il n'y a que mottes sèches où l'on devrait rencontrer d'immenses traînées de jeune blé ou de fèves en fleur. Entre Bellianéh et Abydos, la plaine, qui d'habitude rappelle presque notre Normandie tant elle est grasse et drue, languit maintenant et ne promet qu'une maigre récolte aux places où elle n'est pas complètement aride. Les berges verdoient de droite et de gauche au delà de Bellianéh, mais sitôt qu'on les quitte, la végétation cesse et ce n'est plus jusqu'à la limite du désert que le sol nu qui poudroie au soleil. On s'en inquiète en haut lieu et l'on cherche activement le moyen d'obvier aux conséquences de la sécheresse. Les ingénieurs se préoccupent d'emmagasiner l'eau, les financiers de dégrever les populations le plus éprouvées sans compromettre l'équilibre du budget, et l'on parle d'accorder l'exemption de l'impôt pour les terres qui seront demeurées sans cultures. Seuls, les principaux intéressés, les fellahs, ne paraissent pas se soucier grandement de l'avenir. Lorsqu'on les interroge, ils conviennent que l'année est dure, que la misère menace, et qu'ils ne sauront peut-être pas que faire pour *manger du pain* jusqu'à la récolte de l'autre année, mais la possibilité d'une réduction de l'impôt les comble d'allégresse et elle contrebalance dans leur esprit la certitude du mal encore lointain. Ceux d'entre eux que la vente des antiquités ou la location des ânes met à leur aise n'ont garde d'économiser sur leurs gains pour la saison mauvaise, mais ils les dépensent au jour le jour, selon leur fantaisie, et ils se déchargent sur le gouvernement du soin de les tirer d'affaire lorsque la crise aura éclaté. Si le gouvernement y faut, Dieu y pourvoira.

VII

KÉNÉH ET SA MUNICIPALITÉ

Kénéh, le 4 janvier 1901.

On dirait que tous les animaux de la ferme égyptienne se sont donné rendez-vous sur la rive, à côté de la dahabiéh. Un chameau geignard échange des réflexions maussades avec un âne désolé, deux buffles meuglent en deux tons différents, des chiens se querellent à grands coups de gueule, des dindons gloussent, une demi-douzaine de coqs se défient clair et ferme et, de temps en temps, une flûte arabe nasillarde et grêle module la cadence d'une mélopée lamentable. Le vacarme s'enfle et devient tel qu'à la fin je n'y tiens plus : je grimpe sur le pont pour envoyer la ménagerie achever son aubade plus loin. De chameau, point, ni d'âne, ni de chiens, mais, sur la berge, une sorte de pitre enturbané qui, gonflant les joues et tortillant la hanche, fait ce sabbat à lui seul et imite les cris de bête dans l'espoir d'un bakhchich. Il est vénéré à vingt lieues à la ronde, et on le cite aux touristes comme une des merveilles de Kénéh.

La Kénéh d'il y a vingt ans était renommée surtout pour ses fabriques de goulléhs poreuses où rafraîchir l'eau, et pour sa colonie d'almées plus que mûres, dernière réserve de la troupe qu'Abbas pacha y avait exilée en 1853. Elle était alors séparée du fleuve par une plaine aride que bornait vers l'ouest un canal à sec pendant l'hiver : elle avait d'ailleurs une physionomie des plus banales, avec sa devanture de bâtiments publics, moudiriéh, caserne, poudrière, maisons d'agents consulaires coptes aux écussons de France et d'Allemagne, ses massifs de cahutes en pisé, percés de ruelles boueuses et croupissantes, son bazar mal fourni, toute la pauvreté et la saleté de la Haute-Égypte. La Kénéh d'aujourd'hui tournasse encore des goulléhs, mais les dernières almées se sont éteintes, il y a douze ans, pleines de jours et assez riches pour avoir mérité jusqu'au dernier soupir l'estime universelle. Elle possède en revanche une institution nouvelle dont elle paraît très fière, une commission municipale, presque une municipalité, recrutée parmi les notables habitants. Elle est reliée au Nil par une avenue de beaux lébakhs : c'est la municipalité qui les a plantés et qui les soigne. Au milieu de la voie, un gros cylindre en fonte, traîné par un bœuf, écrase du caillou et ferre la chaussée : c'est la municipalité qui l'a importé du Caire. Sur l'un des côtés, des escouades d'ouvriers creusent une tranchée et ajustent des tuyaux bout à bout : c'est la municipalité qui a décidé d'amener l'eau du Nil et qui établit les conduites. La route cependant festonne à travers une compagne bien cultivée, où des pièces de blé vert alternent avec des carrés de fèves ou de lupin, et avec des bandes de pavots multicolores : Kénéh prépare beaucoup d'extrait thébaïque et elle est, depuis plusieurs siècles, le marché principal de l'opium en Égypte. Une digue, munie de vannes, barre et règle le canal d'autrefois, toujours par la vertu de la municipalité, et la berge n'a plus sa bordure de grands édifices : elle a été envahie par un tumulte de maisons neuves qui les cache et leur masque la vue de la plaine. A l'extrémité de la digue, la municipalité a dessiné un jardin public, deux ou trois allées sablées et des massifs de fleurs grêles encore, mais qui égayent l'entrée. On tourne à droite, et dès les premiers pas, on reconnaît une fois de plus l'action bienfaisante de la municipalité. Le sol n'est plus, comme autrefois, un lit de poussière, mou, inégal, puant, souillé de détritus et d'ordures sans nom; il résiste sous le pied, il est propre, il est arrosé de frais, mais sans excès, pour que les baudets n'y glissent pas. Une foule affairée y circule, des chariots chargés de caisses ou de barils s'y croisent en bon ordre, des revendeurs ambulants y crient leurs marchandises sous l'œil vigilant de la police, et de loin en loin un fiacre numéroté y roule discrètement. Kénéh est décidément une ville civilisée et une grande ville.

Le bazar a bonne mine sous son plafond de bois vermoulu, et, sans valoir celui de Siout, il amuse l'œil par sa diversité. Les boutiques sont cossues et bien achalandées, mais n'y cherchez pas la couleur orientale : les babouches exceptées, tout y vient d'Europe et du Caire ou s'y fabrique sur des patrons européens, les étoffes, la poterie, la verrerie, les meubles, comme les conserves alimentaires. Un des okelles principaux était réservé jadis aux marchands du Hedjaz, qui y entreposaient des tapis en poil de chameau, bar- bares, mais d'un dessin assez fier ; les plus grands valaient de 50 à 80 francs, et après les avoir tru- qués légèrement, on les négociait couramment à Paris comme tapis anciens. L'okelle est là, mais il s'est changé en café, et les marchands ne s'ar- rêtent plus à Kénéh : ils dirigent leurs tapis vers Suez, vers Pord-Saîd ou vers le Caire, d'où les courtiers les réexpédient en Europe. La halle aux herbes et à la volaille prolonge le bazar propre- ment dit, et là encore le progrès éclate, éton-

nant. On n'y vendait, il y a vingt ans, d'autres
légumes que ceux du pays, la courge, le concombre, la bamiah, la méloukhiah, le lupin, la
fève ; on y rencontre à présent la plupart des
légumes de nos climats, carottes, navets, choux-
fleurs, choux, betteraves, petits pois, haricots,
pommes de terre jaunes et rouges, sans parler
des salades blanchies, la laitue et la chicorée. A
dire le vrai, ils ne valent pas les nôtres, et pour
cause. Les bonnes gens du Saîd apprécient surtout
la grosseur et la fermeté de ce qu'ils mangent, et
ils veulent, comme disent nos paysans, que cela
leur tienne à l'estomac. Nos pommes de terre
nouvelles, nos pois et nos haricots fins, nos
carottes et nos navets légers leur paraissent nour-
ritures médiocres, qui n'étouffent pas, après manger, la sensation du creux : ils estiment les carottes
et les navets ligneux, les pois durs et de la taille
d'une balle de gros calibre, les choux vastement
épanouis et les choux-fleurs en graine. Ils préfèrent l'exagération de nos légumes à nos légumes
mêmes, mais cette exagération aperçue à l'étal
d'un verdurier ou dans les couffes qu'un baudet
promène par la ville réjouit l'œil de l'étranger. La
couleur locale perd sans doute à cette invasion
d'un nouveau genre, mais on ne se nourrit pas
longtemps de couleur locale, même en Égypte, et
les touristes les plus hostiles aux innovations qui
leur gâtent la physionomie du pays, en voudraient

aux hôteliers de Louxor si on leur servait pour leur déjeuner les légumes indigènes de jadis au lieu de nos primeurs.

Derrière le marché à la volaille, la grand'rue s'en va serpentant vers la gare, avec le débraillé d'une rue de faubourg populaire dans une ville de province française. Les boutiques s'interrompent parfois et cèdent le pas à la façade nue d'une maison bourgeoise ou d'un tombeau de chéîkh. Les fenêtres du tombeau sont grillées, mais sans vitres ni volets, et l'on distingue par l'ouverture ce qui se passe à l'intérieur. Le cercueil est couché sur des tréteaux ou sur une estrade basse, et caché sous un ample drap mortuaire dont les morceaux sont ajustés d'après un patron bizarre. Il rappelle de loin les motifs géométriques dont on décorait les portes de mosquée, et les nuances en sont appareillées de façon criarde et heurtée, des marrons clairs à côté de jaunes et de verts aveuglants : les coutures d'assemblage disparaissent sous un galon de clinquant terni, qui en atténue quelque peu les disparates. Le turban repose sur le drap à la hauteur de la tête, et au-dessus du cercueil, des chiffons et des objets sont pendus, ex-voto des malades guéris ou des fidèles sauvés d'un danger par l'intervention du saint. Un homme accroupi au chevet récite un chapitre du Koran à mi-voix, sans que ni les bruits de la rue le distrayent ni les regards des curieux.

En approchant de la gare, on remarque à la droite de la chaussée, contre un mur, un sarcophage d'époque gréco-romaine, fort endommagé et enterré au tiers dans le sol. La tradition veut que ce soit l'embarcation dont un des plus grands saints de la région, Sidi Abderrahîm el Kénaouî, usait pour franchir le Nil, lorsqu'il se rendait de ses fermes de Dendérah à sa maison de Kénéh. Il est enterré non loin de là, de l'autre côté de la voie du chemin de fer, à l'entrée du cimetière actuel, et trois grands lébakhs annoncent son tombeau, les plus vieux à coup sûr de ceux que j'ai vus en Égypte, comme le prouvent et la grosseur de leur tronc et l'épaisseur de leur ramure. Le dernier de tous est creux, et ses racines tordues forment au niveau du sol une sorte de niche ou plutôt de couloir qui le divise de part en part. Une mendiante y a installé sa cuisine, et, tandis que nous passons, elle est occupée à souffler sur son feu avec beaucoup d'animation. La flamme jaillit haute, lèche l'écorce : on prévoit qu'un jour ou l'autre elle embrasera le tronc desséché, et ce sera un bel incendie, qui se propagera probablement aux arbres voisins. A quelques pas de là, un quatrième lébakh, encore jeune, abrite une fontaine en argile battue que la mainmorte du saint remplit chaque jour d'eau du Nil à l'intention des passants. C'est à son ombre que Sidi Abderrahîm s'accroupissait lorsqu'il venait prier au cimetière.

Une dahabiéh en bois y pend aux maîtresses branches, au lieu du sarcophage en pierre qui aurait été trop pesant, et, auprès d'elle, les chiffons habituels témoignent d'un nombre inconcevable de vœux exaucés ou de guérisons accomplies. Le tombeau lui-même s'élève tout près de là, une chapelle neuve ou remise à neuf, ornée à l'extérieur de dessins très primitifs, et dans laquelle un chéîkh des plus aimable nous invite à pénétrer. Elle ne présente rien de particulier; on y traverse, comme dans une mosquée ordinaire, des salles d'ablution et de prière blanchies à la chaux, puis une petite cour, avant d'arriver à la chapelle voûtée sous laquelle le cercueil repose, recouvert d'un drap multicolore renouvelé chaque année. Un mendiant en loques y dort dans un coin; sur le seuil, un effendi en jaquette claire et en tarbouche haut de forme murmure sa prière avec ferveur.

VIII

DENDÉRAH

La route ordinaire pour s'y rendre s'attarde en détours si capricieux qu'il vaut mieux l'éviter si l'on est pressé par le temps. On descend donc dans les cannes à la recherche d'un raccourci, et, prenant la file indienne, on chemine le long des rigoles d'irrigation du mieux qu'on peut : les âniers ont fort à faire d'empêcher que leurs bêtes glissent dans la boue ou trébuchent contre les tiges renversées. La récolte a commencé il y a quinze jours au bénéfice des sucreries de Nag-Hammadi, et elle a déjà creusé de vastes clairières parmi les fourrés. Malgré l'approche de la nuit, deux ou trois équipes travaillent encore à abattre la canne et à la lier sur des chameaux grognons ; pourtant la tâche du jour est terminée presque partout, et les corvées de moissonneurs regagnent leurs villages en processions babillardes. A mesure que nous les croisons, ils suspendent leurs causeries et la requête usuelle du bakhshîsh nous assaille, mais avec un accent de bonne humeur qui la change en une façon de salut amical : nous sommes loin déjà que le rire des femmes et l'appel aigu des enfants nous poursuivent encore. Le terrain s'élève bientôt, et les chercheurs de sébakh l'ont défoncé si brutalement qu'il y faut de la prudence pour ne pas rouler dans quelque fondrière. Des lignes de murs croulants jalonnent le tracé des rues antiques et dessinent sur le sol les groupes d'édifices, ici les ruines d'une maison voûtée, là une basilique renversée à demi, des piliers en pierre grise, des architraves brisées, des mortiers en basalte noir, et submergeant le tout, des flots inimaginables de verre cassé et de tessons rougeâtres. Une porte se dresse au sommet de l'éminence, lourde, épaisse, déchiquetée sur les côtés, historiée d'hiéroglyphes médiocres à la louange de Domitien César et des Antonins. On franchit la baie, et soudain, au bout d'une sorte d'avenue poudreuse, on aperçoit à douze mètres en l'air une armée de grandes faces souriantes et calmes, qui se tient abritée à l'ombre d'une corniche rigide et dure : on dirait que le temple jaillit de terre comme à l'encontre du visiteur.

Mariette et ses successeurs s'étaient essayés à le

dégager complètement, mais ils n'avaient réussi qu'à vider l'intérieur et il demeurait enseveli au dehors jusqu'à mi-corps. On y descendait alors par un escalier moderne, au lieu d'y accéder de plain-pied par la porte antique. La rampe était fruste, les marches étaient usées ; il semblait qu'on allât tomber dans une cave. Depuis quelques années les remblais qui déshonoraient la façade ont été supprimés, et l'on pénètre directement sous le portique. Six bandes de colonnes énormes lèvent à quinze mètres au-dessus du sol un plafond de dalles gigantesques. De minces figures, raides et compassées, tournent par registres autour du fût avec des gestes hiératiques. Quatre masques de femmes aux oreilles de vache, coiffés de cette sorte de chapelle rectangulaire qui sert de boîte d'harmonie à certains sistres, composent un chapiteau d'étrangeté élégante. Le sistre était l'instrument favori d'Hathor, celui de ses emblèmes dans lequel elle enfermait le plus volontiers un peu d'elle-même : c'est donc par piété envers elle que l'architecte conçut les colonnes comme autant de sistres démesurés. La lumière coule entre les rangs, et s'accrochant inégalement aux surfaces, elle y met en valeur plusieurs des tableaux qui les décorent, tandis que d'autres s'atténuent dans un demi-jour. De la ligne de terre à la naissance du plafond, aux panneaux d'entrecolonnements, aux parois du fond, aux montants et aux linteaux des portes, aux corniches, aux architraves, il n'y a pas un pouce de pierre qui ne porte sa figure ou son inscription sculptée et peinte. Ce sont les offices ordinaires du culte, et, par mieux, les représentations des cérémonies qui accompagnaient la construction ou la dédicace des temples. Le roi parcourt à larges enjambées le site qu'il a choisi, afin d'en déterminer les limites ; il tire au cordeau la ligne des murs, il creuse les fondations avec la houe, il verse le sable sur lequel la première assise posera, il moule la brique de l'enceinte extérieure. L'exécution dénote parfois une influence grecque, mais les thèmes sont les mêmes qu'on rencontre aux époques antérieures. : Thoutmôsis III ou Ramsès II, s'ils revenaient ici, reconnaîtraient au premier regard le rituel qu'ils pratiquaient de leur vivant. Toutefois, il ne faudrait pas qu'après en avoir examiné l'ensemble, la fantaisie les prît de s'informer du nom des rois fondateurs ; la lecture des cartouches leur réserverait des surprises attristantes. Ces souverains, qui se carrent triomphalement devant les dieux indigènes, avec leurs jupons courts et leurs coiffures variées, leurs queues de lion ou de chacal, leurs encensoirs, ce ne sont pas des Égyptiens, mais des Césars de Rome, Tibère, Caligula, Claude, Néron, que le sculpteur affubla partout à l'égyptienne. Le prêtre d'Hathor, à qui le malheur des temps avait infligé ces Romains pour maîtres, ne se résignait pas à

croire qu'ils fussent étrangers du tout à sa race ;
il sentait en eux des compatriotes exilés que les
dieux avaient fait naître loin des rives du Nil,
sur la terre barbare. Tibère, Caligula, Néron se
trompaient eux-mêmes aux apparences, et ils se
proclamaient Romains, et ils étaient Romains
pour ceux de leurs sujets qui végétaient ·hors de
l'Égypte ; en Égypte seulement on devinait qu'ils
étaient la chair de Râ, la progéniture authentique
des dynasties nationales. On les costumait à la
mode antique du pays, on leur emplissait la
bouche du langage et des idées d'autrefois, puis,
quand on les avait dûment déguisés en Pharaons,
peu s'en fallait qu'on ne s'imaginât régner par eux
sur l'immensité de l'univers.

Le portique était accessible à tous en tout
temps. Les gens de la ville y offraient leurs sacrifices et leurs prières, puis ils s'éloignaient, leurs
dévotions terminées, et la plupart d'entre eux ne
poussaient jamais au-delà : ils ne fréquentaient
que le vestibule de la maison divine. La libre pratique de l'intérieur était le privilège de ceux-là
seuls que la richesse, le rang, la naissance, l'instruction élevaient au-dessus du vulgaire. Dans la
croyance de l'Égyptien, l'homme ne peut passer
directement de l'éclat trouble du monde à la pure
splendeur des dieux ; avant d'affronter leur radiance
immédiate, il doit déshabituer ses yeux des clartés
terrestres. Les premières salles qui suivaient le

portique demeuraient donc plongées dans un crépuscule perpétuel, et les ténèbres augmentaient
à mesure qu'on approchait du lieu où la divinité
résidait toujours vivante; elles étaient presque
complètes dans le Saint des Saints. Ce soir, le
demi-jour qui arrive du portique éclaire encore la
nef centrale jusqu'au seuil du sanctuaire; mais les
bas-côtés sont noyés déjà dans la nuit, et le décor
des murs se déroule vague et indécis, tel qu'il
apparaissait aux temps antiques, alors que la
religion d'Hathor florissait dans toute sa vigueur.
Seule, la Chapelle du Nouvel An nous accueille
nette et lumineuse, un temple en miniature ménagé
au cœur du grand temple. Cour étroite, fermée de
hauts murs entre lesquels un pan du ciel brille,
perron de marches ébréchées, façade ajourée dont
la porte s'encadre de deux colonnes à tête d'Hathor,
chambre unique où l'on glorifiait vers la canicule
le lever de Sirius et le commencement de l'année,
le tout compose un ensemble des plus curieux et
qui vaudrait d'être examiné de près si nous en
avions le loisir, mais notre guide nous répète que
l'heure s'avance, et qu'il convient de nous dépê-
cher si nous voulons avoir terminé notre visite
avant la nuit close. Ce qu'il n'ose pas nous avouer
et que je sais de longue date, c'est que la chapelle
est hantée et qu'il a peur. Hathor y réside et elle
continue d'y veiller sur le trésor que les Pharaons
lui confièrent; elle n'en sort qu'à de rares inter-

valles, pendant les heures de lune pleine, pour fourrager parmi les blés sous les espèces d'une vache blanche. Un notable de Dendérah qui la rencontra, il y a vingt-cinq ans, conjectura très ingénieusement que la cachette devait être ouverte tandis qu'elle maraudait, et le trésor accessible. Il courut à la chapelle, il avisa un soupirail béant dans un coin, il s'y coula, il emplit d'or un sac qu'il avait : il échappa à la bête qui revenait furieuse et, de retour chez lui, il entassa son butin dans une vieille marmite de fer où il serrait ses piastres. Il aurait dû se douter que l'argent ensorcelé ne séjourne jamais longtemps entre les mains de qui s'en empare sans y avoir droit : la première fois qu'il y voulut toucher, la marmite, s'abîmant sous terre, lui emporta ses économies avec le bien de la déesse. Un tête à tête avec Hathor ne serait pas pour nous effrayer, mais notre guide tremble si fort que nous avons pitié de lui et que nous montons sans insister sur le toit du temple.

Il est disposé en trois étages qui se retirent l'un derrière l'autre de l'extrémité du sanctuaire au sommet du pronaos. Le premier et le plus bas est une sorte de cloître, cerné sur les côtés par le haut parapet qui couronne les murs extérieurs : rien de ce qu'on y faisait ne pouvait être épié du dehors. Le sacerdoce et les dames de la ville s'y assemblaient chaque année, afin d'y célébrer la passion et la résurrection d'Osiris. Elles s'établis-

saient dans les deux chapelles qui le terminent
vers le Nord, et qui représentaient le tombeau du
dieu; elles y fabriquaient avec des bois, des
pierres et des métaux précieux, une image sur
laquelle elles mimaient les rites de la momifica-
tion et de la mise au cercueil. Trois jours durant,
elles veillaient ce simulacre de cadavre et elles
pleuraient sur lui, tandis que les prêtres et les
femmes chargés de figurer les personnages principaux de la légende, Isis et Nephthys, Anubis et
Horus, exécutaient les opérations qui devaient y
ranimer la vie. Enfin, la magie des gestes et des
paroles agissait : Osiris s'agitait sur sa couche
funèbre, érigeait la tête, redressait le buste, ban-
dait avec énergie les ressorts de ses fonctions
créatrices. Les hymnes de deuil se changeaient
alors en chants d'allégresse qui, entendus de la
foule amassée au dehors, annonçaient la consom-
mation du mystère divin : une immense clameur
de joie courait par la plaine, portant la bonne
nouvelle au loin. Aujourd'hui les guêpes maçonnes
se sont emparées des chapelles où l'on jouait le
drame osirien, et leurs nids de terre glaise en
empâtent les inscriptions : l'hiver les tient engour-
dies pour le moment, mais au printemps et pendant l'été, il faut affronter leurs essaims rageurs
lorsqu'on se hisse de terrasse en terrasse jusqu'à
la plateforme du pronaos. L'escalier ancien est
brisé, et l'espèce d'échelle en fer qui le remplace

est d'une légèreté inquiétante, mais le panorama
est un des plus vastes qu'on rencontre en Égypte.
Dans le lointain les collines allongent leurs lignes
nobles et simples d'un contour un peu monotone.
Le Nil traîne parmi les arbres sa nappe luisante,
piquée de voiles blanches. La campagne s'étale
verte et riante, semée de bouquets de palmiers et
d'acacias : çà et là, un village en tas sur une
butte ressort gris au milieu des cultures. Cependant les fumées du soir pointent déjà au-dessus
des maisons. Le vent apporte par bouffées un parfum de fèves en fleurs, et une douceur si pénétrante
s'exhale des choses qu'on s'oublie à regarder
vaguement devant soi dans une sorte de langueur
voluptueuse. Le soleil vient de disparaître, mais
là-bas, au bord de l'horizon, un ruissellement de
flamme et d'or liquide marque sa trace et réchauffe
le couchant. Les tons ondulent et se succèdent
sans relâche, pâlissent, se fondent, se dégra-
dent du rouge ardent au violet d'améthyste, au
jaune d'or, au rose tendre, au vert fané, au bleu
pâle. C'est pendant près de trois quarts d'heure
un jeu de couleurs d'une puissance et d'une
richesse inépuisables, puis, à mesure que la nuit
gagne, les teintes se brouillent et se dissolvent,
les reflets s'éteignent, l'air brunit, le ciel se glace
uniformément de bleu sombre : il faut rompre le
charme et redescendre.

Certes, le temple est beau pendant le jour alors

que le soleil l'inonde et le manifeste dans ses détails ; c'est la nuit qu'on doit le visiter pour le revoir
tel qu'il était, et pour y ressaisir quelque chose des
émotions qu'il suscitait dans l'âme de ses fidèles.
Les gardiens ont allumé leur falot, mais la lueur
faible qu'il répand, dissipe moins qu'elle n'épaissit
par contraste l'obscurité où nous nous mouvons.
On dirait que l'air s'est durci depuis que nous
sommes passés par là et qu'il se refuse à prendre
la lumière. L'édifice a comme disparu ; c'est à
peine si, d'espace en espace, un montant de porte,
un fût, une base de colonne, un pan de muraille
surgit, flotte un moment devant nos yeux avec sa
parure de figures mal aperçues, puis s'évanouit
d'un coup et se résorbe dans les ténèbres. Un vol
de chauves-souris nous enferme dans un cercle de
petits cris rapides, des courses de pattes agiles
résonnent à notre approche, des échos s'éveillent
sourdement, qui ne paraissent pas s'accorder au
rythme de nos pas. Une sorte de présence indistincte se mêle à l'ombre et nous poursuit de
chambre en chambre : serions-nous étonnés vraiment si nous rencontrions vers l'angle d'un couloir
un prêtre revenu à son poste après des siècles, ou
si le frémissement de sistres lointains qui annonçait ici les théophanies de la déesse commençait à vibrer au fond du sanctuaire ? Même à l'air
libre et sous la voûte étoilée du ciel, la sensation
d'horreur religieuse ne se dissipe point : c'est en

silence et presque timidement que nous reprenons
le chemin de la rivière. Comme nous nous retour-
nons une dernière fois au bout de l'avenue, les
grandes têtes d'Hathor semblent s'animer et
répondre avec bienveillance à nos regards d'adieu :
un rayon de lune allume une étincelle de vie dans
leurs prunelles, et accentue sur leurs lèvres ce
sourire dont la mélancolie prête aux statues égyptiennes un attrait mystérieux.

IX

L'ARRIVÉE A THÈBES

Louxor, le 3 janvier 1901.

Comme je me précipite sur le quai avec l'air malheureux d'un homme pressé qui vient de manquer le train, le chef de gare me montre, avec un geste bienveillant, l'inscription tracée à la craie sur le tableau traditionnel ; j'aurais pu m'épargner un bel essoufflement, car l'express du Caire a cinquante-trois minutes de retard. C'est à se croire en Europe, et l'aspect général des lieux ne dément pas trop cette impression ; n'étaient les palmiers du second plan et le tarbouche des employés, on s'imaginerait tomber dans une honnête station de la Provence ou du Bordelais. Rien n'y manque, ni la véranda proprette, ni le jardinet du garde-barrières, ni les poules qui picorent entre les rails, ni le chien indécis qui a l'air de se demander dans quelle direction il partira tout à l'heure. Une pile de bagages attend preneur à l'extrémité de la plate-forme, des rangées de wagons sommeillent sur les côtés, une locomotive sous pression grommelle dans son coin et s'impatiente, tandis que les gens d'équipe travaillent posément à lui assembler son train. On ne compte plus aujourd'hui que quatorze heures de distance entre le Caire et Louxor, et les neuf pharaons qui sont réunis là-bas, dans l'hypogée d'Aménôthès II, pourraient passer en un jour de leur sépulcre royal aux vitrines confortables que le musée leur a préparées. Après une nuit de cahots, de froid et de poussière, on est assailli à la descente par la tourbe des aboyeurs et des drog-mans qui crient chacun le nom de leur hôtel, Hôtel de Louxor, Hôtel de Karnak, Hôtel Tew-fikièh ; les omnibus sont à la porte, avec une dizaine de fiacres. Le voyageur s'installe de son mieux, et cinq ou six minutes de course à travers des ruelles quelconques le mènent encore tout étourdi au logis de son choix, sans qu'une rencontre de monuments lui permette de supposer qu'il est dans la capitale des Rhamsès et non dans n'importe quel village de l'Égypte moderne.

C'est en abordant Thèbes par le Nil que l'on saisit le mieux l'impériale beauté du site où elle trôna pendant des siècles. Plusieurs heures avant qu'on l'atteigne, par le travers d'El Khizâm

et de Gamoléh, un grand cap de falaises abruptes
monte à l'horizon, dominé sur la droite par un
sommet en pyramide, et plus bas vers la gauche
trois pics aigus surgissent qui se recourbent à la
pointe comme des cimes d'arbres pliant sous le
vent. Ce sont les témoins de la plaine thébaine,
les bornes entre lesquelles elle se déploie et qui
en arrêtent l'expansion ; aux heures funestes de
l'histoire, lorsque les hordes d'envahisseurs accou-
rues des bords du Tigre ou descendues des plateaux
de l'Éthiopie les apercevaient, elles savaient que le
terme de leurs fatigues était proche et elles se pré-
paraient à fournir un dernier choc pour forcer la
proie longtemps convoitée. Les trois pics s'éclip-
sent bientôt, car le chenal double fidèlement les
contours de la rive droite, et la berge, haute,
découpée en pleine terre comme au couteau, boi-
sée d'acacias, de tamarisques, de nabécas, de dattiers, borne presque partout la vue de ce côté,
mais le paysage de la rive gauche se précise et
se modifie d'instant en instant. La falaise s'adoucit à son pied et elle se raccorde à des croupes
entre lesquelles des gorges bâillent, dont la dernière, accusée sur le fond jaune par une ombre
violente, marque l'entrée des ravins qui mènent
aux Vallées des Rois. Le décor pivote et tourne
au premier coude, démasquant une seconde rangée de hauteurs qui se retirent par échelons dans
l'extrême Sud et se vont perdant vers Erment,

parmi des lointains de collines violettes, mais
presque aussitôt une vision singulière semble
jaillir du fleuve même, repoussée en vigueur sur
un écran d'arbres, les tours crénelées et le portail
étroit d'un petit castel sarrasin, rayé rouge et blanc,
qu'un Hollandais, M. Insinger, a bâti sur un promontoire par delà Louxor. A partir de ce moment
on nage déjà en pleine Thèbes. La ville des morts
défile en panorama sur la rive gauche, les pentes
ondulées de Drah-abou'l-neggah, le cirque de Déîr
el-Baharî, sa longue colonnade bianche, ses plans
inclinés, ses étages de portiques superposés, sa
façade irrégulière, puis la colline de Chéîkh Abd-
el-Gournah criblée de tombes, puis collé aux flancs
de la montagne, un bloc de murailles grises où
la chapelle de Déîr el-Médinéh est emprisonnée,
enfin, presque au dernier plan, entre des taches
de verdure, la silhouette indistincte de Médinét-
Habou. Cependant, à main droite, les chapiteaux
et les tours de Karnak courent un moment au
ras du sol avant de s'enfoncer sous les arbres. Des
antennes de barques fusent derrière un éperon
de terre : au tournant, sur un tertre irrégulier
de décombres antiques, un amas de constructions
multicolores apparaît, et tandis que le vapeur
manœuvre pour accoster, des minarets se lèvent,
une pointe d'obélisque, la corniche hardie d'un
pylône, une allée de colonnes géantes, un temple
entier avec ses cours encadrées de portiques, ses

salles hypostyles, ses chambres à ciel ouvert, ses parois ciselées d'hiéroglyphes et brunies par le temps. Le quai où l'on aborde est le vieux quai des Ptolémées, consolidé et rapiécé par endroits depuis une dizaine d'années. Un grouillement d'âniers, de drogmans, de badauds européens et de marchands d'antiquités happe le voyageur au débarqué, les valets d'hôtel se le disputent sous l'œil vigilant de deux gendarmes, et l'hôtel de Louxor est à deux pas qui lui ouvre sa porte hospitalière, barbouillée d'ornements soi-disant égyptiens par un peintre du crû.

Le temple a vraiment grande mine, maintenant qu'il est déblayé presque en entier, et le soir, après que le flot bruyant des touristes s'est écoulé, la pensée le rétablit aisément tel qu'il était aux siècles de sa splendeur. L'ombre qui l'envahit voile les brèches, atténue les martelages des Coptes, habille la misère des colonnes, répare l'injure des bas-reliefs. Le cri du muezzin, éclatant soudain dans la mosquée d'Abou'l-Haggag, retentit à travers les ruines comme un appel à la prière de quelque prêtre d'Amon, roi des dieux, oublié à son poste, et l'on s'attend presque à entendre un chœur de voix et de harpes en sourdine lui répondre du sanctuaire par un hymne mélancolique au soleil couchant. L'imagination a tôt fait de descendre à terre les files de personnages qui s'étagent sur les parois et de les mener en théorie solennelle, enseignes hautes, encensoirs fumants, la barque sacrée où dort l'image du dieu aux épaules de ses porteurs, par les couloirs étouffés, par les salles à colonnes, par les cours, par les portes triomphales, par les allées de sphinx ou de béliers colossaux dont les restes s'en vont vers Karnak au milieu des campagnes muettes. Elle risque malheureusement de les y heurter à quelque procession baroque du genre de celle que je rencontrai hier, presque à la hauteur du carrefour de l'obélisque, une manche de mousquetaires Louis XIII fort défraîchis, mais soufflant bravement dans des cuivres et tapant de la grosse caisse à tour de bras, deux enfants en perruque blonde et en tunique rose, à califourchon sur un poney chevelu, puis, côte à côte, une amazone des plus correctes et un hercule de foire en maillot blanc et caleçon rouge pailleté, enfin un peloton de postillons Empire, montés sur des ânes blancs si graves qu'à première vue on devait les estimer savants et très savants, un cirque de fête foraine en parade avant une représentation de gala. De temps à autre, l'orchestre se taisait, l'hercule débitait son boniment en arabe et il adjurait les habitants de ne pas ménager leurs piastres, puis la musique redoublait et la cavalcade repartait en piaffant.

Dieu sait ce qu'aura été la recette et si elle aura pourvu au dîner des pauvres diables ! Le Louxor

d'il y a vingt ans se contentait des almées tradi-
tionnelles, mais la danse de la bouteille et la
mélopée des chanteuses d'antan ne suffisent plus
au Louxor d'aujourd'hui. Bon an, mal an, deux
mille touristes au moins le visitent et leur passage
l'a transformé. L'Américain et l'Anglais dominent
dans le nombre, l'Allemand et le Français ne sont
pas rares, et les autres contrées de l'Europe fournissent leur contingent du gai Portugal à la sainte
Russie. A certains jours de la semaine, les bateaux
de Cook ou des autres compagnies versent à la
masse leurs bandes disparates, qui envahissent
tout, mettent tout en l'air, achètent ou marchandent
tout ce qu'il y a sur la place d'antiquités vraies
ou fausses, puis s'envolent aussi brusquement
qu'elles étaient venues, le touriste anxieux de bien
voir pêle-mêle avec les bonnes gens pour qui
l'excursion d'Égypte est une promenade à baudet
gâtée par les monuments. Louxor est maintenant
une véritable station d'hiver, où des savants, des
désœuvrés et des malades colonisent durant plusieurs mois, de décembre aux premiers jours d'a-
vril. On y papote, on y intrigue, on y échange des
cartes, on s'y invite d'hôtel à hôtel ou de bateau à
bateau ; on joue au tennis et au bridge, on arrange
des pique-niques à la Vallée des Rois et aux ruines
de Karnak, on organise des luttes athlétiques et
des courses bouffonnes où les âniers indigènes se
disputent des prix somptueux de trois shellings,

quelquefois même on lie partie pour aller au cirque et au théâtre. Une troupe de hasard jouait chaque soir sous la tente des tragédies ou des comédies en arabe, et son répertoire comportait un Joseph vendu par ses frères, un Télémaque imité de celui de Fénelon, un avare qui rappelle de loin l'Harpagon de Molière, des drames adaptés de Racine ou de Shakespeare. L'impresario avait plié bagage comme j'arrivais, mais on m'a dit que Roméo et Juliette interprétés par lui et ses camarades n'est pas un spectacle ordinaire. Depuis le moment où le vieux Montaigu, équipé à l'antique, se précipite dans la mêlée, en criant *Oskout ia Gaboulette*, — tais-toi Capulet, — jusqu'à celui où Roméo, trouvant Juliette étendue sur un divan rouge en guise de tombeau, boit le poison à même une bouteille encore étiquetée *Cognac vieux*, l'Européen familier avec la langue n'a pas le temps de s'ennuyer. L'indigène, lui, n'y entend pas malice, et les incongruités du dialogue ou de la mise en scène ne le scandalisent pas : il rit à la farce, s'attriste aux passages de larmes, s'effraye aux scènes sanglantes, et l'on s'étonne de la facilité avec laquelle il débrouille les fils d'une action si étrangère à ses habitudes. Ce n'est pas un indice médiocre des changements survenus dans son esprit depuis plusieurs années, qu'on puisse à l'occasion promener par les provinces des œuvres qui naguère encore ne sortaient jamais d'Alexandrie ou du Caire, et la troupe vivre de la recette.

Le vieux Louxor s'est effondré presque entièrement sous la poussée des étrangers. La rue du milieu, la seule qui jadis présentât un peu de mouvement, est presque toujours déserte aujourd'hui : le petit bazar qui l'animait, et que l'on traversait pour se rendre à Karnak, a clos ses boutiques, et tous les commerçants ont émigré aux alentours dans les quartiers de fondation récente. Au nord, la vaste place irrégulière où le marché se tenait chaque mardi s'est aplanie ; un hôtel la limite d'un côté, les bureaux de la police en ferment le fond, et le couvent catholique projette l'ombre de sa croix latine sur le site des taudis où les almées dansaient naguère. Un étang pittoresque et malsain, dernier reste du lac sacré sur lequel les prêtres d'Amon lançaient à certains jours la barque mystique de leur dieu, croupissait vers l'Est et les femmes y puisaient l'eau du ménage soir et matin ; les buffles s'y baignaient à midi pendant l'été, le mufle seul et l'échine affleurant à la surface. Il est comblé maintenant et une ville nouvelle y a crû, entre l'ancienne rue du bazar et la gare : on y bâtit sans relâche, on y plante des jardins, et la population indigène s'y contamine d'éléments européens établis à demeure, bakals grecs, cabaretiers maltais, employés subalternes du chemin de fer, photographes italiens. Au sud enfin, le canal qui côtoyait jadis les jardins de l'hôtel de Pagnon a été remblayé depuis peu et les terrains ainsi gagnés ont été vendus. Un propriétaire entreprenant y a construit en façade sur le Nil une esplanade et une rangée de boutiques uniformes, un Louxor de banlieue dont la laideur vulgaire s'exagère encore par le contraste avec les lignes pures et la beauté sévère du temple voisin. L'une des maisons abrite un photographe, l'autre un pharmacien-droguiste, une troisième des Indiens insinuants et cauteleux qui proposent aux touristes une camelote d'étoffes et de bibelots exotiques à deux cents pour cent de bénéfice ; deux gazelles empaillées flanquent la porte d'un magasin d'antiquités, et des buvettes à l'enseigne criarde essayent d'attirer la clientèle par la promesse d'un whisky incomparable. Cependant, au pied de ces baraques lamentables, le vieux Nil étale ses lourdes nappes nacrées et il les déroule d'un mouvement onduleux qui les fait miroiter au soleil. Le banc de sable d'Ourouziéh gonfle son dos jaune tout humide encore des eaux retirées à peine, et bien loin derrière lui la plaine occidentale de Thèbes fuit en verdoyant vers les premières pentes de la chaîne libyque. La montagne lumineuse se modèle dans une pâte d'un rose délicat et fin, un bleu imperceptible colore le bord de l'horizon : très haut vers l'Occident quelques nuages laiteux nagent lentement dans la blancheur sereine du ciel.

X

UN PARLEMENT DE ROIS
AU TOMBEAU D'AMÉNOTHÈS II

Louxor, le 5 janvier 1900.

Les onze majestés découvertes par M. Loret aux Biban-el-Molouk, dans l'hypogée d'Aménôthès II, y attendent depuis dix-huit mois qu'on décide enfin de leur sort. Elles encombrent modestement l'antichambre, empaquetées, étiquetées, numérotées, remisées dans des caisses en bois blanc mal rabotées, comme autant de colis en transit prêts à partir pour une destination lointaine. On a peine à se figurer quels soucis défunts les Pharaons causaient à leur successeur dès le lendemain de l'enterrement. Comme il fallait que la splendeur de leur trousseau de mort égalàt, ou du moins approchàt celle de leur train de vie terrestre, on leur attribuait non

seulement des quantités de meubles, d'étoffes, de
vaisselles décorées ou peintes, mais des masses
de bijoux et d'insignes royaux, colliers, bracelets,
bagues, amulettes, armes de guerre et de chasse,
la plupart en or ou en argent incrusté d'émaux
et de pierreries. Et ce n'était pas de nuit ou à la
dérobée qu'on les leur remettait : les pièces qui
n'avaient pas été appliquées au cadavre pendant
l'enroulement des bandelettes défilaient en plein
jour sous les yeux de la foule parmi la pompe des
funérailles, si bien que personne au pays ne pouvait en ignorer le nombre et la valeur. Tant de
richesses surexcitaient les convoitises des bandits
qui exploitaient les nécropoles thébaines, et ils
auraient eu vite fait de s'en emparer si l'on n'avait
pris des mesures efficaces contre leurs entreprises.
D'abord chaque hypogée avait ses gardiens qui se
relevaient jour et nuit et n'en perdaient jamais
l'entrée de vue. Puis, des postes de soldats campés en bordure sur la vallée l'enserraient d'un
cordon infranchissable à qui ne possédait pas le
mot d'ordre, tandis que les rondes de police, battant sans cesse les alentours, arrêtaient impi-
toyablement quiconque s'aventurait trop près
d'eux.

A des intervalles irréguliers, de hauts personnages délégués par le grand-prêtre d'Amon ou
par le roi descendaient sur les lieux à l'improviste.
Ils visitaient la salle, ouvraient le sarcophage,

examinaient la momie, la revêtaient d'un linceul ou d'un maillot neuf lorsqu'ils trouvaient l'ancien en mauvais état ; d'ordinaire, avant de se retirer, ils traçaient sur le couvercle en bois du cercueil ou sur le suaire même un procès-verbal de leurs opérations. Ces précautions, si elles retardaient le viol des sépultures, ne réussissaient jamais à l'empêcher complètement, et, le sacrilège que les voleurs de métier n'osaient pas risquer, les gardiens le plus souvent ne se gênaient pas pour l'accomplir. Mal payés, mal nourris, mal logés, retenus dans le devoir surtout par l'effroi du supplice, dès qu'ils flairaient l'occasion de dévaliser avec impunité les Pharaons confiés à leurs soins, ils en profitaient, seuls ou de compte à demi avec les gens du dehors. Il n'est pas rare aujourd'hui qu'un fouilleur de profession, en razzia sur un terrain défendu, se munisse de vivres, d'eau et de moyens d'éclairage pour plusieurs jours, puis qu'il s'enferme dans un hypogée sans en bouger qu'il n'ait achevé de le dépouiller. Ceux d'autrefois n'en usaient point différemment : une fois terrés chez leur mort, ils y séjournaient le temps nécessaire à lui ravir en conscience tout ce qu'il possédait. Ils déroulaient la momie sans se presser, ils lui arrachaient ses colliers, ses bracelets, ses bagues, ses joyaux, et au besoin, ils lui défonçaient la poitrine s'ils espéraient y rencontrer quelque amulette de prix. Quelquefois ils la lais-

saient demi nue et meurtrie sur le sol, quelquefois
aussi, afin de sauver du châtiment les gardes leurs
complices, ils la reconstituaient et ils lui rendaient
l'apparence extérieure de l'intégrité : leur habileté
était telle à ce genre de fraude, qu'à moins de
pousser l'enquête à fond personne ne pouvait soupçonner, sous la correction du maillot, un bâti
d'os brisés renforcé de branches de palmiers ou de
morceaux de bois. Les Pharaons ainsi profanés
reposèrent chacun chez soi jusque vers le dixième
siècle avant notre ère, mais alors les grands-prêtres
d'Amon de la vingt-deuxième dynastie, désespé-
rant de les soustraire plus longtemps à la destruction, résolurent de se débarrasser d'eux en les
cachant dans des retraites tellement secrètes que
nul ne les y allât relancer. Ils les divisèrent en
plusieurs groupes qu'ils enfouirent, l'un au sud
de Dêir-el-Baharî, l'autre dans le caveau d'Aménôthès II, d'autres dans des recoins de la montagne où l'on ne manquera pas de les dépister
quelque jour. Les voilà qui remontent à la lumière
après deux mille huit cents ans de tranquillité, et,
sitôt reparus, ils deviennent pour leurs gardiens
modernes le même sujet d'inquiétude qu'ils étaient
pour ceux de jadis.

Une question se posa, en effet, dès l'instant de
leur résurrection. Devait-on les amener au Caire
et les réunir à ceux de leur famille qui gisent depuis
1881 dans les galeries du musée, ou valait-il mieux

les laisser en place, afin de montrer aux voyageurs Pharaon encore au tombeau où les mains de ses enfants l'avaient couché? C'est un sentiment bizarre, en effet, moitié d'attirance et moitié de répulsion, que celui dont la vue des momies princières de Gizeh pénètre les visiteurs. Au lieu que les héros de l'âge classique, ceux de la Grèce et ceux de Rome, se sont détachés à jamais de leur larve mortelle, les acteurs du vieux drame égyptien, leurs aînés de tant de siècles, se représentent devant nous avec toute la substance du corps qu'ils animaient, la chair et les os, la carrure, la chevelure, le modelé de la tête, les traits du visage. Ce personnage mince et court, c'est Thoutmôsis III, le triomphateur de la Syrie et le plus redoutable des Pharaons thébains, presque un nain par la taille. Les mains grêles que Ramsès II croise paisiblement sur sa poitrine, elles décochèrent la flèche et elles manièrent la lance tout un jour de printemps, sous les murs de Qodshou, jusqu'à ce que leur effort obstiné ramenât la victoire sous les bannières égyptiennes. Sétouî Ier a la physionomie sereine d'un prêtre, ce qui ne l'empêcha pas de batailler hardiment à l'occasion. Ramsès III, au contraire, semble un rustre épais et lourd. Certes, l'histoire gagne une réalité singulière à être écrite en présence de ceux-là mêmes qui la firent, et, pourtant, le profit qu'elle en tire est plus que balancé pour beaucoup par l'horreur dont cette parade funèbre les remplit. C'est, disent-ils, manquer de respect, non pas à une royauté déchue depuis longtemps, mais à l'humanité même que d'étaler en spectacle ces corps émaciés, ces peaux ridées et noirâtres, ces faces grimaçantes, ces linceuls en lambeaux et ces bandelettes dont l'indiscrétion de l'archéologue a fait des paquets de guenilles. Ils se prennent à déplorer le coup de fortune qui nous a ouvert ce charnier de rois, et ils demandent qu'on leur épargne la curiosité malveillante des badauds. Ce serait une action pie au premier chef que de renvoyer les Pharaons à la nuit qui les a protégés si longtemps, et, puisque le mystère de leur cachette thébaine est divulgué, on pourrait leur assurer une retraite dans l'une des plus solides parmi les pyramides memphites. L'idée a quelque chose de séduisant au premier abord, puis, lorsqu'on se rappelle que les pyramides intactes n'ont pas su préserver leurs maîtres de la désécration, on se demande si les mêmes pyramides ruinées sauvegarderaient mieux ces hôtes précieux. C'est une valeur incalculable qu'un roi authentique sur le marché des antiquités et tous les fouilleurs du pays seraient bientôt en campagne pour essayer de déterrer chacun son morceau de dynastie. Il faudrait recommencer les rondes et les inspections d'autrefois pour aboutir au même résultat après un délai plus ou moins bref. Ramsès II et Sétoui Ier s'évanouiraient un beau jour et ils ressortiraient à la longue dans quelque collection excentrique à Sydney ou à San Francisco. Maintenant que nous tenons les Pharaons, ils nous tiennent à leur tour, et nous n'avons point le droit de les écarter de nos salles au risque de les perdre, mais encore devons-nous les exposer de manière que leur apparence ne blesse personne. Il y a dans le musée qu'on nous construit une salle réservée au tombeau de Mariette : c'est là, comme dans une sorte de chapelle, qu'il conviendra de les placer aux côtés et sous la garantie du grand savant qui fit tant pour raviver leurs noms et pour divulguer leur souvenir.

La plupart des momies emprisonnées au tombeau d'Aménôthès II n'y sont que par accident : elles viendront donc à Gizéh, auprès des rois de Dêir-el-Bahari. Seul, Aménôthès II ne partira point : il restera dans son hypogée, provisoirement et à titre d'essai, en compagnie des quatre cadavres mutilés et nus qu'on avait pris pour ceux des victimes humaines sacrifiées le jour de son enterrement. Ainsi nous avons deux séries d'opérations distinctes à prévoir. Il nous faudra d'abord remettre l'hypogée autant que possible dans l'état où il était au moment de la découverte. Nous devrons ensuite enlever les Pharaons désignés pour l'exil et les convoyer à travers la plaine thébaine jusqu'aux bords du Nil, pour les embarquer.

XI

LE TOMBEAU D'AMÉNOTHÈS II

Louxor, le 7 janvier 1900.

Le tombeau d'Aménôthès II est creusé sur le prolongement d'une fissure immense qui coupe la face de la falaise verticalement dans toute sa hauteur. Un talus sablonneux mêlé d'éclats et de poussière de pierre en masquait l'ouverture. Le plan est celui qui prévalait au début de la dix-huitième dynastie et qui servit avec des modifications légères au père et à l'arrière-grand-père du souverain, Thoutmôsis III et Thoutmôsis Ier : une fosse verticale sur le côté droit de laquelle on avait ménagé un escalier aux marches grossières pour la commodité des ouvriers et des fossoyeurs, dans la paroi ouest au fond un couloir en pente raide foré à grands coups dans le roc, sans inscriptions et sans décoration, un second escalier raide et glissant, un puits profond d'une huitaine de mètres qui était destiné à barrer la route aux voleurs, puis au delà une antichambre basse, murs et plafond dégrossis à peine, divisée en deux nefs de dimensions égales par deux piliers trapus. Au moment où M. Loret y pénétra, le sol en était parsemé de statuettes en bois et de résidus d'offrandes sur lesquels étaient échouées quatre grandes barques de deux mètres vingt à deux mètres cinquante de long, désemparées jadis par les voleurs : une momie gisait de travers sur l'une d'elles, nue et froissée. Tout le menu butin est au musée depuis quelques mois, mais onze caisses demeurent en détresse dans la nef de droite qui renferme les corps des Pharaons. Celle de gauche est occupée presque entière par l'escalier qui conduit à un dernier couloir, jonché naguère d'une litière de débris mais vide à présent. La salle funéraire, large et haute, s'appuie en son milieu sur deux rangées de trois piliers chacune. Au plafond un ciel bleu sombre s'étend constellé d'astres jaunes en rangs pressés. Le voyage du soleil dans la région des heures de la nuit développe ses péripéties sur les murs, avec ses trois registres superposés : au milieu le Nil céleste sur lequel la barque divine navigue sans rames ni voiles, en lutte contre les monstres des ténèbres; au-dessus et au-dessous,

les berges du fleuve et les retraites mystérieuses
où végètent les dieux des morts et leurs sujets
égyptiens. Les figures sont d'un trait hardi mais
sommaire, les caractères ont été dessinés à la hâte,
on dirait un papyrus immense collé aux murailles
pour l'instruction du souverain ; et, de fait, c'est
une copie à grande échelle de ce *Livre de savoir ce
qu'il y a dans l'Hadès* qui servait de guide aux âmes
pendant leurs pérégrinations d'outre-tombe. Elles
y voyaient l'image fidèle des êtres méchants ou
bons qu'elles étaient exposées à rencontrer dans le
domaine de chaque heure, elles s'y familiarisaient
avec le caractère et les attributs ainsi qu'avec les
noms des génies, elles y lisaient les formules qui,
apprises par cœur, assuraient libre passage à quiconque les répétait sans les altérer, et elles gagnaient
ainsi de n'être jamais en péril ni sur la terre ni
dans le ciel, mais de jouir des privilèges accordés
aux âmes instruites partout où leur destinée les
entraînait. A l'extrémité occidentale, le sol se
creuse et quelques marches resserrées entre les
deux derniers piliers conduisent à une alcôve
en contrebas du reste de la salle. Le sarcophage
en emplit le milieu, une belle cuve en grès revêtue
d'un enduit rouge simulant le granit de Syène :
le couvercle a été brisé par les voleurs dès l'antiquité et ses débris sont épars çà et là. Il contenait
encore son cercueil de bois avec la momie, et partout dans le voisinage, des figurines en bois noirci,

des fragments de vases en verre ou en pierre, des guirlandes desséchées, des armes factices, étaient amoncelés pêle-mêle. Les quatre cellules qui flanquent le caveau étaient combles également de meubles et de cadavres dépouillés. Il y avait dans les deux de gauche des jarres en terre pour l'eau et pour le vin, pour la bière, pour l'huile, pour les parfums, puis des quartiers de viande et de volailles momifiées, des provisions de fruits et de céréales, tout ce dont l'âme égyptienne a besoin pour se nourrir. La première des cellules de droite offrait un spectacle saisissant, trois momies couchées côte à côte parmi les statuettes, un jeune homme, un enfant de douze à quatorze ans, une femme encore parée dans sa détresse de cheveux longs et soyeux, tous la poitrine ou le crâne fendus, comme des serviteurs qu'on aurait immolés afin de fournir une escorte au souverain dans l'autre monde. La seconde cellule était murée. Elle abritait les neuf rois que les grands-prêtres avaient apportés dans le tombeau au moment où ils renoncèrent à préserver du pillage les hypogées voisins. Les momies en ont été extraites, mais le mur a été rebâti pierre à pierre par les ordres de M. Loret, et l'on y distingue aisément les légendes hiératiques écrites à l'encre noire par l'un des scribes qui surveillèrent l'opération vers le dixième siècle avant notre ère.

On dirait que le vieil architecte égyptien a prévu notre projet et qu'il a voulu nous en rendre l'accomplissement facile. Trois grilles en fer ou trois balustrades intercalées entre les piliers et les parois nous permettront de transformer l'alcôve en une salle distincte et d'isoler ainsi le sarcophage pour le sauver des indiscrets. Les visiteurs contempleront la momie d'en haut, à la distance de deux mètres, et, pourvu que la lumière soit suffisante, aucun détail de la scène ne leur échappera. Nous pourrons ensuite remettre les trois victimes prétendues dans leur position primitive, à condition de griller également la porte de leur cellule. Emploierons-nous pour éclairer la scène l'électricité ou un produit tel que l'acétylène, au lieu de ces bougies ou de ces lampes au magnésium dont les fumées déshonorent les tombeaux connus de longue date? L'expérience nous révélera le procédé le meilleur : pour le moment, nous nous bornerons à rapporter celles des momies qui doivent demeurer sur place. Aménôthès II et ses trois compagnons, tirés de leurs caisses, redescendent donc au caveau sur les bras de quatre ouvriers indigènes. Le plan de M. Loret à la main, M. Carter reconstitue l'ordonnance des momies dans leur réduit, l'homme d'abord, accolé au mur, puis l'enfant, puis la femme : c'est l'affaire d'une demi-heure à peine. La restauration d'Aménôthès exige plus de calcul et plus de temps. Le cercueil, si on le laissait à plat dans la cuve, y disparaîtrait entièrement, et les visiteurs, tenus à distance par le grillage, n'en apercevraient rien. Il faut le relever de manière que son couvercle vienne affleurer aux bords de la cuve, et pour le conserver dans cette position dresser sous lui un plancher de hauteur convenable. En attendant que les menuisiers aient fabriqué les tréteaux indispensables, M. Carter empile dans le sarcophage quelques-uns des blocs qui barraient la porte avant l'irruption des voleurs antiques, et il couche le cercueil sur cette banquette improvisée. Trois heures se sont écoulées à réinstaller le souverain chez lui, trois heures inoubliables pour les assistants. Un air épais, chaud, immobile, chargé de poussière fine et imprégné d'une senteur imperceptible d'aromates éventés, une sensation peu à peu croissante d'oppression aux poumons et de lourdeur au cerveau, un silence accablant, et dans le même temps cette sorte d'anxiété presque religieuse qui fait qu'on répugne à parler, ou que, s'il faut parler à tout prix, du moins on s'exprime à voix basse. Quelques bouts de bougie plantés dans un coin éclairaient vaguement l'antichambre, tandis que les ouvriers dégageaient le Pharaon de sa caisse moderne. Pieds nus, jambes nues, torse nu, les reins ceints d'un linge flasque, la tête emboîtée dans leur takièh fauve comme les personnages dont la silhouette orne les parois des hypogées thébains, ces Égyptiens d'aujourd'hui semblèrent bientôt n'être plus que des Égyptiens d'autrefois ressuscités afin de recommencer leur funèbre besogne.

Le cercueil royal, empoigné sans bruit, fila entre leurs mains et partit dans l'ombre de l'escalier ; il traversa lentement le caveau, dévala les marches, glissa dans la cuve, s'y adapta avec un craquement sec, et je pus croire un instant que, le temps ayant fait machine en arrière, j'avais rebroussé trente-quatre siècles d'un trait pour assister à la mise au tombeau d'Aménôthès.

XII

LA MISE EN ROUTE DES MOMIES ROYALES

Louxor, le 13 janvier 1900.

L'enlèvement des momies doit se faire tout à la fois, dans une seule journée. Certains des cercueils, bâtis d'ais épais en bois compact, atteignent un poids considérable et sont d'un maniement difficile : ils exigeront huit hommes pour le moins. De plus, comme la route mesure près de neuf kilomètres entre le tombeau et la berge, il sera prudent de relayer plusieurs fois pendant la marche. Ajoutez aux simples manœuvres les chefs d'escouade, les surveillants, quelques charpentiers en cas d'accident, quelques porteurs d'eau : c'est une centaine de gaillards robustes à verser du coup dans la vallée funèbre, et peut-être aurais-je de la peine à les recruter si les chantiers de Karnak n'étaient pas là comme à point, remplis de gens exercés à manier des blocs de grès plus lourds que le plus lourd de nos rois. M. Legrain les met obligeamment à notre disposition, et le 12 janvier, à neuf heures du matin, l'élite de sa troupe arrive aux Biban-el-Molouk, avec les cordes, les leviers, les rouleaux, les civières, tout l'attirail indispensable à l'opération. Les civières sont échelonnées le long du sentier dans l'attente de leur fardeau, et elles forment un cordon presque ininterrompu depuis l'hypogée de Ramsès VI jusqu'à celui de notre Aménôthès II. Les hommes, pour qui cette expédition si différente de leurs corvées ordinaires est une sorte de promenade récréative, sont demeurés en groupes au voisinage des civières. Les uns mangent ou boivent, d'autres dorment au soleil en prévision de la fatigue prochaine, d'autres chantonnent ou se racontent des histoires, plusieurs supputent la valeur des Pharaons et ils n'imaginent pas assez de milliers de guinées pour la chiffrer : des éclats de querelles et des rires s'échappent parfois de leurs rangs, aussitôt réprimés par les contremaîtres. Quelques éperviers, étonnés au bruit, tournoient au-dessus de la multitude en poussant des cris aigus. Une compagnie de touristes que sa mauvaise étoile a conduite aux tombeaux ce jour-là, n'en croit pas ses yeux ni ses oreilles et contemple avec une mine stupéfaite le spectacle de cette agitation inaccoutumée.

Voilà pourtant que deux équipes de choix se glissent sous terre aux ordres de Baskharoun. Baskharoun est depuis vingt-cinq ans l'un des serviteurs les plus utiles du musée. Copte de race pure, ses traits rudes rappellent ceux de certaines de nos statues pharaoniques : débarrassez-le de sa chemise bleue, de son turban, de son pantalon bouffant, de ses babouches rouges pour l'affubler du pagne rayé, du bonnet collant, des sandales de jonc, et vous obtiendrez un Égyptien de bonne époque, l'un de ceux, si vous voulez, qui aidèrent à sceller Aménôthès II dans son caveau. Il est, sans en avoir l'air, d'une force prodigieuse, démolissant son homme d'un coup de poing et remuant à son aise les poids les plus invraisemblables. A Boulaq, un jour que l'un des colosses de Ramsès II, en déplacement d'une salle du musée à l'autre, perdit l'équilibre sur ses rouleaux, il le soutint une minute entière, le temps pour les autres d'accourir à l'aide et de le redresser. Ici, c'est moins la vigueur brutale qu'on lui demande qu'une certaine habileté à manœuvrer dans un espace restreint et à remuer des pièces fragiles, telles que peuvent l'être des cercueils millénaires, sans les heurter aux parois ni rien endommager de ce qu'ils contiennent. M. Carter lui indique celle des momies qui doit partir la première. Du bout des doigts, presque sans paraître la toucher, Baskharoun et ses compagnons l'ébranlent, l'acheminent par-dessus le

puits, le long des escaliers et des couloirs rugueux ;
elle refait en sens inverse son chemin d'autrefois,
des ténèbres à la lumière, de l'Amentît brumeuse à
la terre du Soleil. En moins de deux heures, les
autres l'ont suivie par la même voie : l'antichambre
est vide et les neuf rois remontés au jour gisent
chacun sur sa civière, les légers posés à plat sans
rien qui les maintienne, les pesants attachés au
brancard avec des cordes solides par précaution
contre les chutes. On pourrait charger à l'instant et
les diriger vers ce qui subsiste de leur Thèbes
après tant de siècles, s'il ne convenait avant tout
d'achever la toilette de leur cachette. Un cadavre
y doit rester, que l'encombrement des caisses avait
empêché l'autre jour de remettre à sa place, ce
malheureux que les voleurs avaient oublié nu sur
une des barques funéraires d'Aménôthès : on
le rapporte dans l'antichambre, près du premier
pilier, barque et tout. Sa chevelure en désordre,
sa figure meurtrie et les traces de violence qu'on
distingue sur sa poitrine lui prêtent un aspect hor-
rible ; on dirait qu'il lutta dur avant de succomber,
comme une sentinelle qui, surprise par des assas-
sins à l'entrée des appartements de son souverain,
fut blessée mortellement et souffrit son agonie à
l'endroit même où elle était tombée. Cependant le
temps fuit à vouloir effacer les vestiges de notre
travail ; il est bien une heure de l'après-midi au
moment où, les derniers apprêts étant terminés,

nous nous décidons enfin à sortir du tombeau. Un premier signal, et, chaque escouade épaulant son roi, la colonne s'aligne, Baskharoun en tête, M. Legrain, M. Chauvin, M. Insinger, et les quelques Européens qui ont assisté à la scène, en serre-files de droite et de gauche, à baudet et à cheval. Un second signal et elle s'ébranle, lentement d'abord et en silence, puis d'un pas plus pressé à mesure que les équipes entonnent pour rythmer leur marche l'appel traditionnel, *Sallé an-nabi, sallé!* « Priez le prophète, priez! » L'avant-garde atteint la gorge qui débouche du vallon dans l'Ouadiên, s'y engage au bruit des chants. Un des tableaux les plus saisissants des hypogées semble avoir pris corps et avoir sauté à bas des murailles dans la vie moderne, celui qui représente la procession des funérailles, et plus spécialement la partie de cette procession où défilaient le mobilier et le trousseau du mort. C'étaient des coffres bariolés qu'on portait sur des brancards, comme les caisses de nos momies royales : ils contenaient le linge, les habits, les bijoux, les perruques, les huiles sacrées, et le nombre en était proportionné à la richesse du personnage dont ils suivaient le deuil.

L'Ouadiên est sillonné dans toute sa longueur par une sorte de piste vague, que les Égyptiens de l'époque thébaine y avaient tracée afin de faciliter l'accès des tombeaux aux cortèges des Pharaons. Elle s'est remblayée peu à peu, depuis que les

enterrements n'y circulent plus, et bien qu'il y a
six ou sept ans le Service des Antiquités l'ait débar-
rassée des obstacles les plus encombrants en prévision d'une visite éventuelle du Khédive, elle est
semée encore d'assez d'éclats de pierre et de cailloux aigus pour être douloureuse à des gens qui la
fouleraient les pieds nus, sans précaution. Nos
hommes, rendus maladroits et lourds par le fardeau
qui les grève, butent à chaque instant contre une
pointe de rocher ou ils geignent quand un tranchant
de silex leur entame le cuir. Le soleil leur brûle les
yeux, le bois du brancard leur scie les épaules ; les
relais ont beau se succéder de cinq minutes en
cinq minutes, la fatigue et le découragement ne
tardent pas à les envahir. Au bout du premier
kilomètre, ils s'insurgent, ils s'encouragent à laisser là les civières : ce serait une débandade générale,
si le tout-puissant Baskharoun, du gosier, du
geste, aussi de la houssine, ne rappelait son monde
au devoir. Il semble être partout à la fois, donne
un coup d'épaule aux plus faibles dans les passages raboteux, secoue les mécontents et les oblige
à entonner un air de marche. Tout chrétien qu'il
est, son érudition en matière de saints musulmans
est incomparable ; il est le premier à les invoquer,
et dès que l'un d'eux n'agit plus sur les travailleurs,
il en appelle un autre sans désemparer, des saints
locaux, comme le cheikh Abou'l Haggag de Louxor,
des saints généraux, des Moghrébins, des Arabes,

des Syriens, des bienheureux d'Irak et de Perse. A chaque nom nouveau, les plus las se ragaillardissent, raidissent la nuque, forcent l'allure, mais au bout de trois ou quatre minutes leur ardeur tombe; les voix s'éteignent l'une après l'autre et les plaintes redoublent avec des velléités de révolte. Un petit homme, engoncé dans une dalmatique multicolore de derviche soudanais, se distingue entre tous par sa paresse et par son esprit séditieux : si l'un de nous n'était sans cesse à côté de lui pour le surveiller, il aurait bientôt déserté son poste et débauché ses camarades. Suant, soufflant, grognant, braillant, cahin-caha la procession fournit le second kilomètre, puis le troisième. Au dernier coude la vue des arbres annonce la plaine, et ranimant les courages, rallume la gaieté. Les refrains éclatent plus nourris, les échines se raffermissent et un loustic plaisante les dolents. « Allons, vous autres, de quoi vous plaignez-vous ? Promenez-vous pas vos pères les Pharaons ? Ils ont de l'or avec eux, de l'or beaucoup ; vous en aurez un peu, s'il plaît à Dieu. » Et comme il remarque que je l'écoute : « Notre bacha, ce soir, il nous donnera un gros bakhshîsh, une piastre bakhshîsh, deux piastres bakhshîsh, n'est-ce pas, monseigneur le bacha ? » La bande, qui saisit l'allusion, répète en chœur : « Une piastre bakhshîsh, deux piastres bakhshîsh, n'est-ce pas, monseigneur le bacha ? » Et voilà des gens heureux jusqu'à l'étape. Un peu au delà du temple de Gournah, près du village, dix minutes de repos pour tous, et c'est justice : ils n'ont employé qu'une heure un quart à franchir les trois kilomètres de l'ouadi, accablés comme ils sont. Le plus gros de la besogne est accompli. Ils doivent, il est vrai, suivre la chaussée qui endigue le canal d'irrigation, le Fadîlieh, puis traverser les bancs de sable qui séparent la berge occidentale du point où le fleuve coule cette année, cinq kilomètres, mais sur un sol doux et souple à la fois qui ne blesse point le pied. La surveillance est inutile désormais ; nous piquons en avant pour aller préparer la dernière partie de l'opération, l'embarquement.

La dahabièh est déjà au rendez-vous, tenue au large par le peu de profondeur de l'eau : un service de chaloupes sera nécessaire pour y transborder les caisses. Vers quatre heures enfin, un murmure croissant de chansons rythmées annonce l'approche de nos gens, et presque aussitôt les premiers groupes pointent par-dessus la croupe des sables. Vue de très loin, à travers les flots de poussière qui en voilent à demi les détails, notre bande ressemble de plus en plus au cortège d'un enterrement égyptien. Il arrivait ainsi criant et courant aux bords du Nil afin d'y joindre les baris qui emportaient la mort vers l'Occident, à sa demeure d'éternité. C'était le même mélange de gaieté et de tristesse, la même rumeur, les mêmes invocations aux saints ou aux dieux, le même désordre et la même bousculade. Des accidents grotesques troublaient à chaque instant la gravité de la cérémonie, soit qu'un porteur laissât échapper sa charge, soit qu'un bateau en manœuvre vînt heurter un bateau moins fort et le malmenât. Je me rappelle cet épisode du tombeau d'Harmhabi où figure le patron d'une chaloupe culbuté, avec les offrandes qu'il embarque, par un coup de gouvernail de la cange funéraire, et soudain voici qu'un de nos hommes glisse, s'abat au moment de monter dans la chaloupe : la caisse dont il tenait le coin tombe avec lui, renverse porteurs et rameurs, s'arrête heureusement avant de rebondir à l'eau, et c'est pour un moment, au milieu des rires et des jurons, la scène comique que le vieil artiste avait esquissée trois mille ans auparavant. Une heure pour arranger les neuf momies sur le pont, un discours de remerciements et, ce qui est plus sensible à nos héros, un glorieux pourboire de cinq sous par tête, une piastre, une piastre entière : la dahabièh lève l'ancre, vire lentement, et, remorquée par ses felouques vers le temple de Louxor, elle rejoint son ancrage accoutumé avec son fret de rois.

XIII

KARNAK ET LES TRAVAUX DE LA SALLE HYPOSTYLE

Louxor, le 24 janvier 1901.

Des plans de terre disposés par étage pour aller chercher les pierres à vingt mètres de hauteur, des chèvres semblables à celles dont on se servait sous la XIX° dynastie, des blocs en marche sur des rouleaux d'acacia, et hâlant aux cordes, des files de fellahs vigoureux, la galabiéh bleue au dos ou le caleçon blanc aux reins, la takièh brune au crâne : si Ramsès II revenait inspecter les travaux qui s'exécutent en ce moment à Karnak, il pourrait s'imaginer d'abord que rien n'est changé dans son Égypte. Le gros de nos ouvriers a presque le costume des siens, et les procédés dont nous usons pour déménager les colonnes renversées lors de la catastrophe du 3 octobre 1899, sont les mêmes à peu près que ceux qu'il employa pour les bâtir. Il faudrait pourtant qu'il n'y regardât pas de trop près, ni qu'il essayât de régler la manœuvre ; ses ordres, énoncés en égyptien excellent, du moins j'aime à le croire, ne diraient rien à nos contre-maîtres, et M. Legrain, qui dirige la besogne en jaquette grise et en casque de liège forme champignon, ne lui rappellerait en aucune façon feu le grand-prêtre d'Amonrâ, roi des dieux, Baoukouni-khonsou, qui présidait, sous son règne, aux cons-tructions de Thèbes. Les chèvres sont d'ailleurs armées de palans différentiels, au jeu desquels il n'entendrait rien ; l'aise avec laquelle les grosses architraves se meuvent sur les trucs Decauville lui semblerait tenir de la magie, et je ne sais trop comment nous nous y prendrions pour lui expli-quer le mécanisme des vérins hydrauliques. Nous avons écarté résolument de nos chantiers les appareils qui auraient coûté trop cher, et les machines perfectionnées dont l'action aurait été trop brisante pour les pierres séculaires que nous étions obligés de manier ; mais, si nous avons adopté en principe les procédés anciens, nous ne nous sommes pas interdit de leur adjoindre, à l'ap-plication, ceux des engins modernes qui nous per-mettent de travailler vite et à bon compte.

Le premier moment de stupeur passé, lorsqu'on envisagea le désastre de sang-froid, on reconnut que trois séries d'opérations seraient nécessaires pour y remédier. Il convenait avant tout de démonter les cinq colonnes qui menaçaient ruine, puis d'enlever les débris des onze colonnes écroulées et de les emmagasiner avec assez de méthode pour qu'il n'en résultât pas de la confusion entre les parties. Cela fait, un grand espace demeurerait vide dans le bas-côté Nord de la Salle hypostyle, qu'il serait indispensable de sonder mètre par mètre afin de constater l'état du sous-sol et de décider ce qu'il y aurait lieu d'entreprendre pour l'affermir, avant d'aborder la reconstruction : une commission composée d'archéologues, d'architectes et d'ingénieurs serait envoyée sur les lieux et s'acquitterait à loisir de cette expertise. Lorsqu'elle aurait rédigé son rapport, le Service des Antiquités exécuterait les opérations prévues, et il s'efforcerait de remettre sur pied le plus qu'il pourrait des colonnes abattues. La Caisse de la Dette, sollicitée par le gouvernement Égyptien, accorda libéralement l'argent qui nous manquait, et M. Legrain, envoyé à Karnak au mois de décembre 1899, attaqua la besogne avec ardeur. L'aspect des ruines n'avait rien d'encourageant : les tambours disjoints encombraient la nef septentrionale, et du milieu de leurs amoncellements irréguliers, cinq fûts émergeaient, tellement déjetés et hors d'aplomb qu'ils semblaient devoir s'écrouler eux aussi de moment en moment. Il fallait les enterrer, afin d'établir les chèvres à la

hauteur des chapiteaux, et c'est à quoi M. Legrain
s'appliqua en hâte. Dès les derniers jours de
décembre 1899, l'abaque de la colonne la plus
dangereuse, une plaque carrée de dix tonnes, avait
été descendu et expédié au magasin : le reste suivit
rapidement, et tout semblait marcher à souhait,
lorsqu'un incident survint qui nous parut pronos-
tiquer une calamité nouvelle. Le massif Nord du
pylône qui borne la Salle vers l'Ouest nous inquié-
tait depuis longtemps. Déjà en 1883 et 1884 il avait
fait mine de s'effondrer et j'avais dû en étayer les
portions les plus hasardeuses : les pieds-droits
dont je l'avais flanqué alors furent démolis en 1895,
et pour les remplacer, on doubla le bas des murs
d'un blocage en pierre et en ciment. L'ébranlement produit par la chute des colonnes détermina-
t-il un mouvement dans la maçonnerie, ou bien les
fondations rongées par le salpêtre cédèrent-elles
brusquement? Vers la fin de janvier 1900, tout le
parement Sud se fendit, s'affaissa, fit ventre, et
des blocs commencèrent à pleuvoir des assises
supérieures, en assez grande quantité pour que la
prudence nous commandât de tenir les touristes
à distance. La Caisse de la Dette, implorée de
nouveau, de nouveau accorda l'argent qu'on
réclamait d'elle, le Ministère des travaux publics
nous prêta son architecte en chef, Manescalco-
Bey, qui esquissa un avant-projet d'étançonnage,
puis M. Legrain, ralentissant le démontage des

colonnes, procéda à la réception et au transport à pied d'œuvre des matériaux qu'on lui dépêchait du Caire. Lorsque tout fut prêt au début d'avril, un ingénieur allemand emprunté aux barrages d'Assouân, M. Ehrlich, vint nous prêter le concours de son expérience. Pendant un mois et demi il y eut deux équipes indépendantes dans la Salle hypostyle, celle de M. Legrain aux colonnes, celle de M. Ehrlich au pylône. Lorsqu'elles furent licenciées, le 23 mai 1900, les colonnes menaçantes étaient allées s'allonger en paix à la place qui leur avait été réservée dans les magasins, et le pylône, boisé sur toute sa hauteur, n'inspirait plus aucune crainte.

Tant de mouvements de terre et de rapiéçages n'étaient pas pour embellir Karnak. Ceux qui l'ont vu autrefois se rappellent la perspective admirable qui se déroulait devant eux lorsque, arrivant du fleuve, ils abordaient le temple par l'entrée triomphale de l'Ouest. C'était d'abord l'avenue de Sétouî II avec ses béliers pressés l'un contre l'autre, l'immense pylône des Ptolémées, la cour des Éthiopiens et sa colonne gigantesque, le pylône à demi-éboulé des Ramessides, et, encadrée entre ses deux tours, la travée centrale de la Salle hypostyle, enfin le chaos grandiose de blocs en granit et en grès, d'où jaillissaient les deux obélisques de Thoutmôsis et de la reine Hatshopsouîtou : nul autre monument au monde ne donnait aussi vive l'impression de la puissance et de l'immensité. Aujourd'hui la vue est coupée en son milieu par l'échafaudage de M. Ehrlich, quatre étages de poutres jetées en travers de la baie centrale. Une voie de chemin de fer Decauville file sous cet appareil déconcertant et s'enfonce dans la Salle. Lorsqu'on y a pénétré à la suite, on se heurte, vers la gauche, au perré de pierres sèches surmonté de sacs de sable qui complète l'effet du boisage, puis on va buter au tas de terre amassé par M. Legrain : des touristes, peu au courant de l'accident, m'ont assuré avec conviction que la Salle était plus belle auparavant et qu'il aurait mieux valu n'y point toucher. On les réconforte en leur affirmant que tout ce gâchis n'est que transitoire, et que s'ils veulent bien revenir dans quatre ou cinq ans nous aurons réparé les dégâts à leur satisfaction. Ils s'en vont d'assez méchante humeur, et je ne puis m'empêcher de compatir à leur ennui. C'est toujours pitié que de toucher à un monument, même quand la nécessité le commande, mais pouvons-nous agir autrement que nous faisons? J'ai eu plus d'une fois l'occasion de dire à des visiteurs que, s'ils connaissaient l'état précaire des murs au pied desquels ils s'attardent en admiration pendant des heures, ils n'oseraient plus entrer dans le temple. Les fondations ont cédé sans en avoir l'air, les blocs ne tiennent en place que par des miracles d'équilibre, les architraves brisées en deux ou trois endroits demeurent littéralement suspendues à dix ou vingt mètres de terre : à voir un moineau s'abattre sur elles, on craint qu'elles ne cèdent sous le poids et qu'elles n'achèvent de s'effondrer. A chaque instant, des incidents légers nous montrent combien les édifices ou les hypogées les plus solides en apparence sont incapables de résistance. Il y a un mois, au tombeau de Sétouî Iᵉʳ un des piliers de l'antichambre se rompait brusquement. Quinze jours après, une des poutres en grès qui recouvrent le sanctuaire latéral de droite au temple de Khonsou, fondait littéralement après une pluie de trente-six heures, et une semaine plus tard, une portion du plafond de la Salle hypostyle d'Edfou s'écroulait à grand fracas. Il n'y avait personne au-dessous pendant la minute mauvaise, et nous en avons été quittes pour une dalle réduite en miettes; deux heures plus tôt ou plus tard, une bande de touristes était là en visite, et Dieu sait quels malheurs nous aurions eu à déplorer. Le temps nous presse donc de reprendre les temples égyptiens l'un après l'autre, et, sans rien y faire qui en altère le caractère, d'y entreprendre les travaux qui pourront pendant quelques siècles encore les conserver tels quels à l'admiration du monde entier.

Dès qu'on approche de la porte, l'oreille est frappée d'une rumeur forte, où elle distingue bientôt ces airs par lesquels les ouvriers égyp-

tiens règlent leurs moindres mouvements. C'est
d'abord une basse lente, la mélopée des terrassiers à la besogne, puis un chant sautillant et vif,
celui des enfants qui aident les terrassiers ; de
temps à autre, une clameur s'élève qui couvre
tous les autres bruits, la voix des portefaix qui
mettent en branle un bloc énorme. Deux bandes
distinctes se partagent en effet le champ de
manœuvre, j'allais dire le champ de bataille. A
l'ouest, près du pylône, la première enlève la terre
qui servit l'an dernier à descendre les chapiteaux
ou les architraves, mais qui empêcherait maintenant la recherche et l'extraction des fûts. Ils sont
là une trentaine d'hommes : rangés en une ligne
irrégulière, et à demi-courbés sur le tas, ils
l'entament à petits coups de leurs pioches. La plupart sont des gens de Karnak, qui, n'ayant rien à
faire aux champs ou dans la maison pour le
moment, ne demandent pas mieux que de gagner
une haute paie de dix à quinze sous au service de
l'*Antikah* (1). Ils s'engagent à la semaine ou à la
journée. Ils arrivent chaque matin au lever du
soleil, la *touriah*, la pioche à manche court, sur
l'épaule, et ils se mettent aussitôt à la tâche sous
la surveillance d'un de nos employés indigènes. Ils
ont chacun deux escouades de quatre, cinq ou six
enfants, qui sont loués à raison de cinq sous par

____

(1) L'*Antikah* est le sobriquet par lequel le peuple d'Égypte
désigne familièrement notre Service des Antiquités.

jour et par tête, sous condition de fournir eux-mêmes leur instrument de travail, la couffe en fibre de palmier tressée dans laquelle ils emportent les déblais : chaque groupe est comme une lance dans les compagnies régulières de nos armées royales. Le terrassier remplit les couffes en deux ou trois tours de pioche, et, dès qu'une escouade a son faix, elle s'en va courant et chantant le jeter dans un wagon Decauville qui l'attend au dehors. Cependant la seconde escouade a chargé à son tour, et tandis qu'elle se précipite vers le wagon, elle croise la première qui redescend. Le va-et-vient, une fois établi, ne s'interrompt qu'à midi pendant une heure, le temps juste de manger et de souffler un peu, puis il reprend et il continue jusqu'au coucher du soleil. Les filles s'enrôlaient souvent parmi nos porteurs, il y a vingt ans : aujourd'hui, elles restent à la maison, et nous n'avons plus guère que des garçons. Les plus âgés comptent dix ou onze ans, les plus jeunes cinq ou six, mais tous sont également adroits et forts, tous doués d'un soprano suraigu et d'un gosier souverainement rebelle à l'enrouement. Les refrains qu'ils braillent afin de s'entraîner sont d'ordinaire insignifiants, mais chaque fois qu'un visiteur de distinction ou un personnage en autorité se présente, l'un d'eux improvise pour la circonstance un couplet nouveau que les autres répètent en chœur. Lors de mon premier séjour en Égypte, les gars qui déblayaient Louxor, et qui me voyaient toujours arriver sur les chantiers en jaquette à vastes poches, sous une large ombrelle verte, avaient composé en mon honneur deux versiculets, qu'ils dégoisaient sans se lasser durant des heures entières : *Bachét-na taht ech-chamsiéh* « notre pacha est sous l'ombrelle », *Bachét-na abou gabéîn* « notre pacha est le père aux deux poches ». Les enfants de ce temps-là sont des hommes maintenant, mais la tradition ne s'est pas perdue, et je ne puis paraître à Karnak, sans que les enfants d'aujourd'hui entonnent le chant d'autrefois. A voir la disproportion entre les couffes qui contiennent au plus six ou huit livres de terre et la butte qu'il s'agit d'aplanir, on serait tenté de s'apitoyer sur notre sort et de croire que nous n'en aurons jamais fini : lorsqu'on revient plusieurs jours de suite et que l'on constate les résultats, on est émerveillé de la rapidité avec laquelle le déblaiement a progressé. C'est un véritable travail de fourmis, l'achèvement d'une œuvre colossale par des infiniment petits. En cinq minutes deux wagons sont pleins et partent à toute vitesse dans la direction de la porte Orientale, où nous comblons les brèches pratiquées par les paysans dans le mur d'enceinte de la cité antique. Avant même qu'ils aient eu le temps de revenir, d'autres sont en route à leur poursuite pour les rejoindre, et c'est toute la journée un roulement de wagons perpétuel. Les paniers-joujoux de nos enfants avaient répandu quinze mille mètres cubes de terre dans la Salle hypostyle pendant la campagne de 1900; ils en auront extrait tout autant lorsque la campagne de 1901 sera terminée.

La seconde équipe ne comprend que des hommes, une dizaine de portefaix qu'on amène du Caire, et une trentaine de gaillards bien râblés qu'on recrute à Louxor et à Karnak. Elle est placée sous les ordres de Baskharoun Awad, celui-là même qui nous aida si heureusement l'an dernier à retirer les rois du tombeau d'Aménôthès (1), et qui a remué plus de pierres que personne au Musée. Chacune des colonnes comporte treize tambours divisés en deux segments de dimensions égales, soit vingt-six segments de cinq tonnes, plus un abaque de dix tonnes, le tout représentant cent quarante tonnes pour la colonne entière : les architraves intactes pèsent de trente-cinq à quarante tonnes. Si l'on compte que nous avons seize colonnes entières et huit tronçons de colonnes à enlever avant d'avoir achevé notre corvée, on jugera aisément que nous n'avons pas une minute à perdre si nous voulons livrer le terrain en temps utile à la commission chargée d'examiner l'état des fondations. Ici encore, les visiteurs d'aventure s'imaginent volontiers que l'effort déployé ne

(1) Voir le récit de cette opération, p. 109-117 du présent volume.

répond pas à la grandeur de la tâche. Ils voient
une vingtaine d'hommes en mouvement autour d'un
bloc très lourd : les uns le soulèvent légèrement
avec des leviers en bois, les autres introduisent des
rouleaux par-dessous, et, quand ils en ont glissé de
la sorte la quantité qu'il faut, ils s'attellent aux
cordes et ils halent en cadence. La masse avance
de quelques centimètres, s'accroche à un fragment
voisin, chancelle : ils la dressent d'aplomb, puis
ils recommencent à tirer. Une demi-heure, trois
quarts d'heure s'écoulent, quelquefois plus, jusqu'à ce qu'ils aient réussi à l'amener jusques auprès
d'une plateforme Decauville : ils l'y hissent à
grand'peine et une escouade spéciale la roule
au magasin, tandis que l'équipe de Baskharoun
s'affaire avec les siens autour d'un segment nouveau. Le vide ainsi produit est presque insensible
à chaque fois, et pourtant, six segments de cinq
tonnes ont disparu vers la fin de la journée. Les
morceaux d'architraves et les abaques sont d'un
maniement plus rude, mais ils finissent par céder
eux aussi ; lorsqu'après une absence d'une semaine
on regarde où en sont les choses, on s'aperçoit
que la butte a baissé d'un mètre et qu'un grand
pan de la Salle hypostyle est libre jusqu'au
dallage. Rien n'égale l'endurance de nos gens
que la souplesse avec laquelle ils savent adapter
leur action au gisement de chaque bloc, à sa
forme, à ses dimensions, à la position des blocs

voisins. Lorsqu'ils nous arrivent au chantier pour la première fois, ils n'ont pas besoin d'un long apprentissage pour égaler leurs camarades, mais au bout de deux ou trois jours ils sont déjà rompus aux manœuvres les plus compliquées. Il semble qu'ils connaissent par intuition le point précis de chaque pierre où il convient l'appliquer afin de développer le maximum d'effet avec le minimum d'effort, ils ne brisent rien, n'endommagent rien, se tirent de tous les risques sans accident sérieux. Deux ou trois mains écorchées, deux ou trois pieds foulés et c'en est assez pour six mois de campagne. Il leur est beaucoup demeuré dans le sang de l'habileté acquise par leurs pères au service des Pharaons.

Il fallait emmagasiner les morceaux sans risquer de les confondre, et c'est à quoi M. Legrain a bien réussi. Au nord de la Salle hypostyle, entre le mur de Sétoui Ier et le temple de Phtah, un espace uni s'étendait : c'est là qu'il a organisé ses entrepôts. L'emplacement de chaque colonne a été indiqué en longueur sur le sol et pour chaque colonne l'emplacement de chaque tambour. Autant de ronds de petites pierres dessinés à l'avance représentent les assises : sitôt qu'un morceau a été dégagé, il est marqué au numéro de la colonne et à celui de l'assise dont il faisait partie dans cette colonne, puis il est enfermé dans le rond de pierre correspondant. Un plan sans cesse complété montre au jour le jour le progrès de l'œuvre. Seules, deux ou trois colonnes ont été retrouvées entièrement et elles attendent sur le terrain l'instant du remontage. Les autres se sont si brutalement contrariées dans leur chute que leurs éléments se sont brouillés en un désordre inextricable. Les ouvriers attaquent les pierres comme elles viennent et ils les retirent : c'est à M. Legrain de déterminer la colonne à laquelle elles appartiennent et d'aiguiller chacune vers son poste respectif. Lorsqu'elles sont intactes ou n'ont que peu souffert, l'hésitation est brève et la difficulté vite résolue. Par malheur, beaucoup d'entre elles, qui avaient déjà pâti de l'âge ou des intempéries, se sont brisées, quelques-unes même émiettées en s'abattant, et il n'en subsiste plus que des éclats ou des rognons informes. On n'en définit pas moins la position que la plupart de ces débris occupaient, tous ceux du moins qui gardent encore un reste de figure ou d'hiéroglyphes. On se demande ce qu'il y aura lieu d'en faire, si l'on pourra les rajuster et les agglutiner assez intimement avec du ciment pour en reconstituer une masse solide, capable de porter les assises supérieures sans s'écraser sous le poids, ou si nous serons contraints de substituer aux blocs trop endommagés des blocs de pierre neuve? A chaque jour suffit sa peine, et quand nous en serons à la période du remontage, nous tâcherons d'agir pour chaque cas particulier au mieux des circonstances. Ce qu'il fallait, pour l'instant, c'était faire disparaître l'amas de ruines qui emplissait la Salle hypostyle, classer et coordonner les fragments, recomposer les unités disloquées en un local sûr, les arranger de telle manière qu'on sût aisément où retrouver chacune d'elles : c'est accompli plus d'à moitié, et j'ai bon espoir que M. Legrain pourra, d'ici à une dizaine de semaines, livrer le terrain net à la commission d'examen.

XIV

LE TEMPLE DE PHTAH THÉBAIN
A KARNAK

Louxor, le 1er février 1901.

La terre dont M. Legrain s'est servi, il ne l'a pas puisée dans une des collines de décombres sans intérêt qui hérissent le sol de Karnak. Il l'a empruntée aux ruines qui s'étendaient au nord-est, le long du mur d'enceinte, et il a dégagé de la sorte l'un des temples les plus jolis qui se puissent imaginer, celui de Phtah Thébain. Mariette avait hasardé jadis quelques ouvriers dans ces parages, et il en avait retiré, avec plusieurs monuments précieux, la matière de cinq à six planches d'inscriptions. Depuis sa mort, le site avait été abandonné à lui-même, et c'est au plus si de rares égyptologues y allaient jeter un regard distrait, non par intérêt réel, mais afin de pouvoir dire qu'ils n'avaient rien négligé de ce qu'on voit à Karnak. La fouille n'est pas achevée, et les dépendances extérieures sont encore ensevelies, mais le bâtiment principal est libre : il mérite d'être visité par les curieux, étudié par les savants.

Il touche à l'une des poternes de la ville, que nous avons dégagée par la même occasion. Son enceinte bordait sur une longueur d'une cinquantaine de mètres une rue qui, partant de la poterne, courait rejoindre obliquement l'angle nord-est de la Salle hypostyle. La porte était en grès de Gébéléïn ; elle s'élevait droite, surmontée d'une gorge recourbée, et ses montants sculptés et peints s'enlevaient en vigueur sur l'enduit blanc dont le mur de brique était revêtu. Elle menait, par une série d'autres portes semblables et de petites cours, à un porche soutenu de quatre colonnes à chapiteau fleuri, derrière lequel le pylône se dressait, un pylône en miniature, haut de huit ou neuf mètres à peine, avec sa baie rectangulaire et ses deux tours. Au delà du pylône, un préau à ciel ouvert et fort exigu, puis un pronaos à deux colonnes, une salle hypostyle, enfin le sanctuaire flanqué de deux chapelles pour les membres de la triade locale : c'est un temple complet. Les pièces en sont toutes tapissées de tableaux sacrés et de légendes, dont beaucoup conservent encore leur enluminure de couleurs vives. Les bas-côtés n'avaient reçu à l'exté-

rieur aucune décoration officielle, mais la piété
des habitants y avait esquissé des scènes de sainteté ou tracé des formules dévotes. On adorait là,
outre Phtah lui-même, sa femme Sokhît la déesse
à tête de lionne, et leur fils Imouthès le patron
des savants, ainsi qu'un vieux scribe thébain de
la xviii° dynastie, Aménôthès, fils de Pahapi,
que le peuple avait divinisé presque pour son
renom de science magique (1). Après avoir accompli leurs devoirs dans le temple, les plus
fervents des fidèles, ceux du moins qui avaient
obtenu quelque grâce signalée par la puissance de
Phtah ou par l'intercession de ses associés, gravaient eux-mêmes ou payaient pour qu'on gravât sur
les parois extérieures du sanctuaire un bas-relief qui
les montrait en oraison devant l'un ou l'autre des
personnages divins. Plusieurs de ces *ex-voto* sont
d'assez bon style, et ils font honneur aux sculpteurs
des temps gréco-romains. La plupart n'affichent
aucune prétention d'art, et ils sont l'œuvre du
dédicateur lui-même, figures de divinités hors
d'aplomb, graffites en hiéroglyphes maladroits,
images d'orants qui ressemblent de manière
fâcheuse aux bonshommes charbonnés sur nos
vieilles murailles par les gamins des rues. Phtah
et Imouthès pardonnaient sans doute la pauvreté
de l'exécution en faveur du sentiment qui l'ins-

(1) L'histoire singulière de ce personnage est racontée sommairement dans les *Causeries d'Égypte*, p. 221-228.

pirait, et de fait, la foi était grande chez les pauvres gens qui habitaient la Thèbes ruinée de l'époque impériale. Certes Amonrâ accaparait encore le meilleur de leur vénération, et il demeurait le dieu maître de leur cité, mais son temple à demi-renversé par les mercenaires de Ptolémée Lathyre, au début du premier siècle avant notre ère, pendant la révolte de la Haute-Égypte où Thèbes succomba définitivement, n'était plus en condition de servir au culte régulier. Ses cours, ses hypostyles, ses chambres de calcaire et de granit, ses couloirs étaient presque aussi encombrés d'ordures ou de gravois qu'ils le sont maintenant : les temples secondaires suffisaient aux besoins du moment, et ils étaient seuls fréquentés par ce qui restait de la population. Celui de Phtah semble avoir été de ceux qui prospérèrent sous les premiers Césars, mais il fut abandonné bientôt après eux. Ses toits s'effondrèrent, son porche et ses portes monumentales s'abattirent, le sable et les briques tombées du mur voisin comblèrent ses cours ; au moment où le paganisme succomba, il était en si mauvais point que les chrétiens dédaignèrent de s'y établir et de le transformer en église.

C'est à cette circonstance que nous devons de posséder ses bas-reliefs et ses écritures à peu près intactes. Certes, il manque çà et là des membres à ses personnages et des bouts de lignes à ses inscriptions, mais il n'y a eu ni martelage obstiné des textes, ni destruction systématique des figures, et l'on y déchiffre encore sur les murs l'histoire de l'édifice. Les rois de la xie et de la xiie dynastie sont actuellement les plus anciens des Pharaons dont on y rencontre les souvenirs, mais ils ne l'avaient pas fondé : ils n'avaient fait que le réparer ou le reconstruire. Chacune des grandes villes de l'Égypte se plaisait à prêter l'hospitalité chez elle aux dieux maîtres des autres grandes villes. Thèbes, qui était placée sous l'invocation d'Amon, rendait donc un culte à Phtah, la divinité suprême de Memphis, et c'était à charge de revanche car Memphis en avait fait autant pour Amon. Toutefois, ce premier sanctuaire du Phtah thébain n'était qu'un oratoire. Négligé pendant les siècles de misère qui suivirent l'invasion des Pasteurs, il était dans un état déplorable au commencement de la xviiie dynastie, lorsque Thoutmôsis III s'avisa de remédier à sa détresse : il le rebâtit avec l'argent qu'il avait gagné pendant ses campagnes en Syrie, et il l'enrichit de donations splendides dont une stèle nous a transmis l'énumération. Il respecta les autels consacrés par ses ancêtres, mais il édifia autour d'eux les salles que nous voyons aujourd'hui, et il y multiplia son image. Ce roi qui s'affiche partout sur les parois offrant le vin, le lait, l'eau, les pains, les fruits à la momie de Phtah, au mufle de lionne de la déesse Sokhît, au seigneur Amonrâ et à sa femme Maout, c'est Thoutmôsis III dans vingt postures et sous vingt costumes différents. Le relief est fin, le mouvement heureux, l'expression des visages souriante, la couleur vive suffisamment pour qu'on devine quel effet elle produisait jadis. Le dieu jouit en paix de sa fortune un siècle durant, après quoi, la persécution se déchaîna contre Amon : le fanatique Khouniatonou le poursuivit jusque dans la maison de Phtah, y effaça son nom et ses emblèmes où il les reconnut, commit tant de dégâts, là comme ailleurs, que les salles en demeurèrent comme déshonorées. Lorsque l'hérésie disparut, Sétoui Ier retoucha tant bien que mal les scènes et les inscriptions endommagées : Phtah renoua sa routine de vie monotone et la continua pendant huit ou neuf siècles sans incidents notables. Sa fortune pourtant avait décru avec celle de Thèbes : ses biens furent usurpés pendant les guerres civiles ou les invasions assyriennes et persanes, ses revenus se réduisirent à néant, ses murailles s'affaissèrent, et il était à l'extrémité quand les Ptolémées assumèrent enfin la charge de régler les destinées de l'Égypte. Leur domination lui fut favorable, car ils reconstruisirent son pylône, son porche, ses portes monumentales, le rempart de briques qui délimitait son domaine. Ils avaient bien gagné le droit d'inscrire leurs titres sur ce qu'ils restauraient, mais par une dérogation singulière aux usages égyptiens, ils n'en profitèrent qu'à demi. Si l'on examine les tableaux qui encadrent à l'extérieur la baie du pylône, on y lit le protocole de Thoutmôsis III et celui de Sétouî, le premier qui aurait fondé le monument, le second qui l'aurait renouvelé, et dans le même temps on discerne sans peine, sur ces ouvrages d'époque soi-disant pharaonique, les particularités de l'art ptolémaïque le mieux caractérisé. C'est la saillie ronde et molle, la musculature un peu flasque, le contour gras, l'expression neutre et souvent niaise du visage, la tenue abandonnée du corps, qu'on est accoutumé à observer dans les reliefs à partir de la renaissance saïte ; les hiéroglyphes eux-mêmes, tout soignés qu'ils sont, ne ressemblent en rien à ceux de la xviiie et de la xixe dynastie. Seul, un artiste vivant sous les Ptolémées a pu exécuter ces sculptures, et pourtant il les a attribuées à des souverains plus anciens de beaucoup. Quelle raison ceux qui lui commandèrent son travail avaient-ils de contrevenir si fortement à l'étiquette traditionnelle, et de faire passer le pylône qu'ils relevaient pour l'œuvre d'un Pharaon de la xviiie dynastie?

Le premier Ptolémée, du jour qu'il avait régné, s'était attaché à gagner le cœur de ses peuples par son profond respect pour les religions indigènes, et ses successeurs l'imitèrent en cela jusqu'à la fin. Partout où les Perses avaient accumulé les ruines, ils les réparèrent de leur mieux, et c'est à leur piété politique que les cités du Saïd doivent de

posséder leurs temples grandioses, Dendérah,
Edfou, Ombos, Philæ. Thèbes attira naturellement
leur attention : non seulement les édifices tels que
Louxor ou Karnak en bénéficièrent, mais leur
sollicitude n'oublia pas les chapelles éparses dans
la ville, et celle de Phtah en profita comme les
autres. Les collèges sacerdotaux, encouragés par
leur libéralité, s'ingénièrent, en même temps qu'ils
rajeunissaient les murailles, à recouvrer la fortune
antique des dieux, mais ils y rencontrèrent des
difficultés sérieuses : non seulement les biens
sacrés avaient été usurpés par les rois ou par les
particuliers, mais les actes de donation et les
titres qui auraient permis d'en réclamer la restitution étaient détruits ou égarés. Le clergé s'efforça
donc avant tout de reconstituer ses archives : il
recueillit de droite et de gauche les documents qui
lui parurent commémorer quelque largesse d'un
Pharaon, et, quand les pièces authentiques lui man-
quèrent, il n'hésita pas à en fabriquer d'apo-
cryphes. La critique des textes n'était pas alors
développée et le peuple acceptait toutes les fables
qu'on lui débitait avec une crédulité sans bornes : on
vit paraître çà et là des contrefaçons d'inscriptions
archaïques, où les Pharaons des dynasties les plus
diverses, ceux même de la première ou de la
seconde, racontaient qu'ils avaient attribué tels ou
tels domaines, tels ou tels revenus, des rentes de
pains et de parfums, de bœufs, d'étoffes, de vin, de

métaux précieux à tel ou tel dieu local qui avait sauvé le pays entier d'une famine ou d'une peste, qui avait terminé une guerre périlleuse par le moyen d'une éclipse, ou qui avait délivré une fille de roi étranger de l'esprit malfaisant qui l'obsédait. Le clergé de Phtah thébain agit comme les autres en cela, et M. Legrain a déterré dans les cours une partie de l'archive suspecte qu'il y avait rassemblée. Elle consiste actuellement en cinq stèles de conservation médiocre qui nous montrent toutes un Pharaon illustre en adoration devant le dieu. La plus ancienne n'était déjà qu'un fragment, lorsque les prêtres s'emparèrent d'elle, mais un fragment des plus précieux : il constatait en effet qu'un des Antouf de la xie dynastie avait associé déjà Phtah aux patrons de Thèbes, Amon et Maout. Celle qui vient ensuite est une charte de donation véritable, par laquelle Thoutmôsis III concède une rente à Phtah pour lui célébrer annuellement une fête solennelle. Martelée par places sous Khouniatonou, elle fut regravée sous Sétouî Ier et, somme toute, elle est complète : les trois derniers documents ne sont, comme le premier, que des morceaux d'inscriptions peu explicites, et même un seul d'entre eux a la valeur d'un titre, celui où Sétouî expose comment il lui vint à l'esprit de rétrocéder au dieu ce dont les princes hérétiques l'avaient dépouillé. La restauration du pylône aux noms de Thoutmôsis III et de Sétouî Ier

était destinée à confirmer le témoignage de ces
stèles : où celles-ci affirmaient que les deux souverains avaient travaillé pour la plus grande gloire
de Phtah, les montants de la porte étalaient leur
figure dès le seuil et prouvaient qu'elles disaient
vrai. Il est fort probable que le clergé n'inventa
rien de ce chef : il n'eut qu'à rétablir un décor qui
avait daté réellement de l'âge thébain, mais qui
était détruit maintenant ou qui du moins était
devenu trop indistinct pour faire foi en justice. Le
faux ici ne consista donc pas à fabriquer un document de toutes pièces, mais à remplacer l'œuvre
primitive par une copie à laquelle on prétendit
donner l'apparence de l'original même.

En déblayant la chambre qui ouvre à droite du
sanctuaire, on y ramassa parmi le sable des éclats
de granit noir entassés pêle-mêle, les restes de
deux ou trois idoles brisées jadis par les premiers chrétiens : un mufle de lionne encore intact
prouva qu'il y avait eu là jadis une Sokhît farouche,
la bien-aimée de Phtah, celle de ses femmes qu'il
associait le plus souvent à son culte. M. Legrain
tria patiemment les fragments, et il réussit à en
rajuster une image complète de la déesse. Elle a
vraiment belle allure, et bien qu'on ne lise sur
elle aucun nom de roi, elle remonte sans doute à la
xviiie dynastie, au règne de cet Aménôthès III qui
dédia à Sokhît plusieurs centaines de statues dans
le seul sanctuaire de Maout. Redressée à son poste

antique au fond de la salle, elle y produit une impression forte sur les visiteurs qui, franchissant la porte sans soupçonner sa présence, tombent à l'improviste « sous le lieu de sa face », selon la locution usitée en pareil cas dans les textes religieux. Les indigènes éprouvent d'elle une terreur qui croît de jour en jour. Ils prétendent qu'elle darde ses yeux vides sur eux lorsqu'ils entrent dans son réduit ou qu'ils en sortent : elle note leur costume, leur démarche, leurs traits, leur voix, afin de les reconnaître plus tard à l'occasion. Ils prétendront bientôt qu'elle ne demeure pas en place pendant la nuit, mais qu'elle quitte sa place à la dérobée et qu'elle rôde parmi les ruines, cherchant qui dévorer. Jusqu'à présent tous les monuments, statues, naos, stèles, sarcophages, momies, qu'on déterrait au cours des fouilles étaient expédiés au musée sans retard, à moins que leur poids et leurs dimensions ne les tinssent immobiles au sol : les gens de Karnak attendent avec impatience l'heure où nous les aurons débarrassés de cette personne inquiétante, mais je crains qu'elle ne sonne pas pour eux aussi tôt qu'ils le souhaitent. Je crois en effet qu'il est temps de rompre enfin avec la coutume et j'espère même que nous pourrons laisser sur place, sinon tous les objets trouvés, du moins ceux qui pourront être sauvés de la rapacité des indigènes ou de la convoitise des étrangers collectionneurs. Aménôthès II a donné l'exemple l'an dernier (1), quand nous avons refusé de l'enlever aux Bibân-el-Molouk : Sokhît ne quittera pas la chapelle qui lui avait été assignée dans le harem de son époux divin, et si l'essai que j'en fais réussit, l'admirable statue de Khonsou ne désertera point Thèbes pour Gizèh. Les temples se repeupleront peu à peu et ils redeviendront ce qu'ils étaient autrefois, la maison où les dieux résidaient visibles aux yeux des mortels en leurs formes multiples (2).

(1) Voir sur l'aménagement du tombeau d'Aménôthès II aux Bibân-el-Molouk, les chapitres x, xi et xii de ce volume, p. 93-117.

(2) Mes intentions à ce sujet n'ont pas pu être réalisées : dès l'année qui suivit, des gens de Cheikh Abd-el-Gournah s'introduisirent dans l'hypogée d'Aménôthès II, dépouillèrent la momie royale, volèrent la barque mentionnée aux pages 102 et 112 de ce volume, et bien qu'ils fussent connus, ils ne furent point punis. Aménôthès II resta sur place et la Sokhît également, mais tous les monuments nouveaux que leur masse ne protégeait pas assez furent désormais expédiés au Musée, ainsi que ç'avait été la règle précédemment.

XV

KARNAK
LÉGENDES ET SUPERSTITIONS

Caire, le 6 juin 1901.

Nos ouvriers, hommes et enfants, sont presque tous recrutés à Karnak même : quelques-uns seulement viennent de Louxor. Ils représentent assez bien le type moyen du paysan de la haute Égypte, avec ses qualités et ses défauts, ses croyances religieuses, ses superstitions. Il est patient et doux en général, travailleur quand on le fouaille, sauf à se relâcher et à flâner délicieusement dès qu'on cesse de le surveiller. Il est sobre et il se contente, pour toute une journée, de trois ou quatre galettes assaisonnées d'un oignon et arrosées d'eau trouble, mais c'est par nécessité, et, quand la fortune lui sourit, il se gorge de victuailles et de boissons à en rester hébété jusqu'à digestion faite. Il n'est pas brutal envers sa femme, il adore ses enfants, et s'il roue ses bêtes de coups, c'est sans méchanceté : un bâton retombant en mesure sur un âne chargé de blé ou de terre nitrée, — le sébakh dont il engraisse les champs, — cadence heureusement le trot du baudet et de son conducteur. Sa religion consiste à réciter par cœur quelques chapitres du Coran et à prier chaque jour aux heures voulues avec les gestes rituels : il est d'ailleurs charitable envers plus pauvre que lui et fort hospitalier. Mieux on le connaît, plus on sent qu'il appartient à une bonne race et plus on prend goût à causer avec lui, mais il ne se livre pas aisément à l'étranger, à l'Européen surtout : il craint que celui-ci ne se moque de ses idées ou qu'il ne songe à retourner contre lui les paroles qui lui auront échappé dans un moment d'abandon, et je dois avouer que sa méfiance est justifiée trop souvent. On l'apprivoise toutefois lorsqu'on passe des journées en sa compagnie, occupé à diriger son travail, et qu'on lui a persuadé qu'on ne nourrit aucune intention malicieuse à son égard : une fois qu'il a la bouche décousue, sa langue galope, et il n'y a plus histoire qu'il ne raconte aussi longtemps qu'on veut bien prêter l'oreille à son bavardage.

Tous les sites antiques sont plus ou moins ensorcelés, mais Karnak, avec ses monuments grandioses, est la terre enchantée, — *el-ardh marsoud*

— par excellence. Une tradition, transmise de père en fils à travers deux changements de religion, maintient vivante parmi eux la mémoire des trésors que le sanctuaire d'Amon recélait au temps de la grandeur thébaine et même plus tard. L'or y brillait sur le bois des portes, sur le bronze des ornements et des statues, sur le calcaire des murs ou sur le granit des obélisques, sans parler des lingots et des vases d'or que les sacristies renfermaient. L'inscription gravée sur le piédestal de l'obélisque dressé par la reine Hatchopsouîtou nous assure qu'il était doré de la pointe à la base, et elle nous décrit les générations nouvelles se demandant comment on avait pu se procurer assez de métal à cette fin : « Je ne sais pas, je ne sais pas de quelle manière on s'y est pris pour faire cette chose, une montagne d'or dont le sommet perce le ciel. » La dorure s'est effacée depuis des siècles et l'on n'en distingue même plus la trace, mais le fellah continue à croire qu'elle est là. Si personne ne l'aperçoit, c'est que les magiciens d'autrefois, ces savants incomparables, ont jeté sur elle un charme qui la dissimule à tous les yeux : qui serait assez habile pour dissiper le prestige, il verrait soudain l'obélisque étinceler au soleil, comme au temps de sa prime nouveauté. Et ce n'est pas le seul des monuments de Karnak qui trompe ainsi le visiteur. La plupart des blocs de granit, d'albâtre ou même de calcaire épars sur le sol sont charmés, eux aussi. Plus d'un gardien m'a mené mystérieusement devant tel d'entre eux qui gisait à demi enseveli dans un creux isolé, et, après avoir regardé si personne ne nous épiait, il l'a heurté de son bâton et il m'a fait observer le bruit métallique qui en sortait : le magicien a voilé l'éclat de l'or, il n'a pas été assez habile pour en déguiser le son. Il suffirait de briser la pierre en récitant un grimoire approprié, et l'or reparaîtrait aussitôt. Il n'y a pas d'année qu'un Moghrebin, un homme de Tunis, d'Alger ou du Maroc, ne vienne ici tenter l'aventure. Il surgit au jour et à l'heure que ses livres lui ont indiqués, dessine le cercle, allume les parfums, marmotte les invocations. Les fellahs prétendent que beaucoup échouent à ce jeu, mais ceux qui y réussissent s'y enrichissent pour le restant de leurs jours. Des génies veillent, naturellement, sur ces trésors et quelquefois les défendent, quelquefois les distribuent aux individus que leur caprice prétend favoriser. L'un d'eux, qui est un nègre du nom de Morgâni, habite la porte septentrionale du temple de Montou, que nous appelons ici pour cette raison *Bab-el-abd*, la porte de l'esclave. Il y a une vingtaine d'années environ, le capitaine d'un bateau chargé de lentilles et de fèves fut contraint par le mauvais temps à relâcher en face de Karnak. Comme il accostait, un mendiant l'aborda qui lui demanda d'abord un *ardeb* (151 kilogrammes) de

lentilles, puis un demi *ardeb*, puis un quart d'*ardeb*;
il lui permit enfin d'en emporter autant qu'il en
tiendrait au creux de ses deux mains. Le mendiant
le remercia, lui remit un papier écrit et lui recom-
manda d'aller de nuit à la Porte de l'Esclave; il y
frapperait trois coups du doigt sur une certaine
pierre, un nègre sortirait auquel il dirait : « O
Morgàni, vois ce papier », et il attendrait. La nuit
qui précéda son départ, le capitaine, s'étant rendu
à la Porte de l'Esclave, y cogna à trois reprises et
montra le papier. Le nègre l'emmena aussitôt dans
une chambre intérieure, lui versa dans sa robe
autant d'or que le mendiant avait reçu de lentilles,
puis il ajouta : « Si tu avais donné un ardeb, tu
aurais eu un ardeb; va, et instruit par l'exemple,
sois désormais plus généreux. »

Tous les génies ne sont pas aussi complaisants
que celui-là. La porte monumentale du Sud, celle
qui termine l'avenue des Béliers et qui précède le
temple de Khonsou, sert de demeure à un *lakhia*,
c'est-à-dire à un nain de grosse tête et de jambes
cagneuses, agrémenté d'une barbe formidable. Il
se promène le soir à la brume et il prend l'air aux
alentours : si un étranger passant par là rit de sa
figure grotesque, il lui saute à la gorge et il
l'étrangle. Les bords de l'étang en forme de croissant qui a succédé à l'ancien lac sacré du temple
de Maout ont fort mauvaise réputation, et les indigènes n'aiment pas s'y aventurer après le coucher

du soleil. Ils risqueraient d'y rencontrer une chatte
de grande taille, qui s'y promène les nuits sans
lune et dont les deux yeux brûlent dans l'ombre
comme deux boules de feu : elle fascine ceux sur
lesquels elle arrête son regard et elle les entraîne
à l'eau où ils se noient. A la pleine lune, la chatte
cesse de rôder et une femme la remplace, mal vêtue
d'une courte tunique blanche collant à la chair :
elle est fort belle, dit-on, et elle sollicite les jeunes
gens de sa voix douce, mais sitôt qu'elle a séduit
l'un d'eux, elle l'étouffe entre ses bras. L'origine de
ces êtres surnaturels n'est pas douteuse. Le *lakhia*
du temple de Khonsou, c'est le Bîsou des vieux
Égyptiens, ce nain émigré du Pouanît, et que sa
tête énorme, ses joues poilues, ses jambes torses,
sa coiffure de plumes rendent risible entre tous. La
chatte et la dame blanche sont deux formes différentes de Maout, l'une animale, l'autre purement
humaine. Ici, comme dans beaucoup d'autres pays,
les dieux ne sont ni morts, ni partis en exil ; ils
se sont terrés dans leur domaine héréditaire, ils
ont changé de nature et ils sont devenus démons.
Ils célèbrent parfois les anciens rites avec la pompe
de jadis. Plus d'un fellah attardé a vu défiler la
nuit un cortège mystérieux qui se rend de Karnak
à Louxor. Une troupe de cavaliers ouvre la
marche, puis un sultan s'avance, monté sur un
cheval blanc et entouré de gardes à pied, puis des
femmes portées dans des litières et une foule

confuse de soldats et de gens du peuple. Toutes ces ombres cheminent silencieusement, sans rien remarquer de ce qui se passe autour d'elles, mais si le spectateur récite la profession de foi musulmane : *Il n'y a point de Dieu si ce n'est Dieu et Mohammed est le prophète de Dieu*, elles s'évanouissent comme entraînees par un tourbillon de vent.

Une ou deux fois par an, l'ancien lac sacré du temple d'Amon s'illumine et une dahabiéh dorée en fait le tour. Les rameurs sont des statues d'or, les cabines sont pleines de meubles en or; qui veut peut y monter et s'emparer du trésor, puis redescendre à terre sans encombre, pourvu qu'il ne souffle mot pendant l'aventure. Il n'y a pas d'exemple qu'un fellah, voyant tant de richesses étalées, se soit retenu de crier *Ah!* ou d'invoquer Allah : tout disparaît alors et l'imprudent, tombant à l'eau, regagne le bord à la nage. Les gens de Karnak affirment que, seul, Mariette sut se taire jusqu'au bout; c'est pour cela que le musée du Caire a si grande abondance de bijoux d'or. On m'a raconté toutefois qu'un paysan de Karnak, longeant de nuit le lac sacré, aperçut le bateau amarré au rivage. Comme une lumière éclatante s'en échappait ainsi qu'un écho de voix étrangères et un ronflement de daraboukahs lointaines, il n'osa pas y pénétrer, mais voyant le pieu auquel la corde était fixée et à côté du pieu le maillet qui avait servi à l'enfoncer en terre, il les saisit et il se sauva à toutes jambes. De retour chez lui, il constata que les deux objets étaient en or fin ; il les vendit et ce fut l'origine de sa fortune. L'histoire est connue, et elle a été inspirée évidemment par le souvenir des anciennes fêtes thébaines. La ronde nocturne est la procession solennelle d'Amon ; le roi conduisait le dieu en triomphe de son temple de Karnak à son temple de Louxor, puis il le ramenait. La dahabiéh d'or est l'arche d'Amon, dont l'image est reproduite cent fois sur les murailles avec sa cabine, son mobilier, son pilote, sa chiourme de divinités. A de certains jours et à de certaines nuits, on la lançait sur le lac pour y célébrer des mystères : elle y évoluait quelques heures aux yeux des fidèles, puis elle remontait sur les épaules des prêtres et elle rentrait dans les profondeurs du sanctuaire.

Les contes des *Mille et une Nuits* nous ont rendu les *djinns* familiers : ils pullulent à Karnak et aux alentours. De temps à autre, une lueur s'allume au sommet du pylône des Ptolémées, puis, après avoir augmenté d'intensité jusqu'à devenir insupportable à l'œil, elle s'éteint brusquement : ce sont des *djinns* qui se manifestent. On n'aime point parler d'eux, même pendant le jour, car on ne sait jamais s'ils ne se tiennent pas invisibles auprès des causeurs et s'ils ne s'offenseront pas des propos. Ils s'enamourent des jolies filles et ils les pourchassent dans les coins, tandis que les *djinniahs*, les *djinns* femelles, s'éprennent non moins volontiers des beaux garçons vigoureux. Lorsqu'un jeune homme riche et bien portant rechigne à se marier, on l'accuse d'avoir une *djinniah* pour femme et toute sorte de mauvais bruits courent sur son compte. On m'a cité l'un des notables habitants de Louxor comme ayant vécu longtemps en ménage avec une *djinniah :* elle lui enseignait des recettes pour soigner et pour engraisser les bestiaux, elle lui signalait des dépôts d'antiquités ou des trésors cachés, elle le conseillait si bien dans ses affaires qu'il s'enrichit promptement. A la veille de la quarantaine, il se lassa de cette union illégale et il chercha à se marier, mais toutes les filles aux-quelles il songeait tombaient malades et mou-raient l'une après l'autre. Il trouva enfin à se fiancer dans une famille du Caire et la *djinniah*, empêchée par la distance, ne parvint pas à rompre les épousailles ; elle se vengea néanmoins, car la jeune femme, à peine arrivée à Louxor, fut accablée de maladies qui l'enlaidirent, et ses trois enfants naquirent chétifs et malingres. Les *djinns* mâles sont moins féroces et ils pardonnent plus aisément les infidélités qu'on leur fait. Ils se confondent d'ailleurs avec des esprits de qualité inférieure, les *afrites*, qui se plaisent à jouer toutes sortes de tours, comme nos gobelins, mais qui, le plus souvent, ne sont pas redoutables. Ils se glissent sans gêne dans les habitations européennes, et l'une des maisons du service des Antiquités est un de leurs ressorts favoris. Il est vrai qu'on l'a construite sur l'emplacement d'un cimetière désaffecté, et qu'une partie des *afrîtes* qui s'y donnent rendez-vous sont de simples revenants. Le jour, rien d'extraordinaire ne s'y passe : une fois seulement, le cuisinier indigène de M. Chauvin, celui de nos employés qui y loge, entendit un bruit de ferraille dans sa cuisine et se sauva tout effaré, criant qu'un diable frayait parmi ses casseroles. La nuit, il ne fait pas bon y circuler sans lumière : on risquerait de se heurter à quelque fantôme en promenade et de recevoir un mauvais coup. Au mois de janvier dernier, M. Chauvin, désirant se lever de bonne heure pour aller à la chasse dès l'aube, ordonna à son domestique Kamal de ne pas retourner à Karnak, mais de coucher dans une pièce voisine de son bureau. Kamal, craignant la solitude, invita un ami à lui tenir compagnie, et la précaution ne lui fut pas inutile. A peine couchés, un petit chien s'insinua dans leur chambre sans qu'ils sussent comment et, après les avoir flairés, gambada près d'une heure autour d'eux, en aboyant comme s'il voulait les mordre. Peu après qu'ils l'eurent chassé non sans peine, une douzaine d'enfants ou de petits hommes leur apparurent, qui dansèrent longuement en frappant dans leurs mains et en tirant la langue : ils ne furent débarrassés de leur obsession qu'au matin, dans le temps que M. Chauvin, se levant, les appela pour partir à l'affût. La meilleure façon d'effaroucher les *afrîtes*, c'est, à Karnak comme partout, de placer un peu de pain avec une pincée de sel à l'endroit qu'ils fréquentent habituellement ; c'est surtout de ne pas avoir peur d'eux. Un de nos ouvriers, descendant à Gournah dans un puits d'hypogée récemment ouvert, se sentit saisir au bras par quelqu'un qu'il ne voyait point : sans se déconcerter, il allongea la main au hasard et serra si dur que son agresseur fondit entre ses doigts sans lui faire aucun mal. Il y a peu de nos gens qui n'aient rencontré des *afrîtes* et qui n'aient à leur compte quelques aventures du genre de celles que je viens de raconter.

Tout individu, assassiné ou tué accidentellement, se change en *afrîte* et retourne à l'endroit où il est mort, jusqu'à ce que les dernières traces de son sang se soient effacées. En 1884, tandis que nous travaillions au temple de Louxor, quatre des manœuvres qui nettoyaient le toit d'une des salles latérales au sanctuaire, chûrent d'une hauteur de dix à douze mètres : trois d'entre eux se brisèrent sur le dallage, le quatrième rebondit sans blessure et s'enfuit d'une traite jusqu'à son village de Bayadîyéh, au sud de Louxor. Le lendemain, un des Coptes qui vivaient dans les maisons voisines

me dit que sa femme avait été éveillée au milieu de
la nuit par des cris qui n'avaient rien d'humain :
elle entre-bâilla sa fenêtre et, à la clarté de la lune,
elle aperçut les trois morts de la veille qui se promenaient au milieu des ruines, hurlant et secouant
les bras. J'ai eu la curiosité, cette année-ci,
de m'informer d'eux, et j'ai constaté qu'on les
voyait ou qu'on les entendait encore de temps en
temps : on m'a même montré, dans la salle où ils
s'étaient tués, des taches jaunâtres qu'on prétend
être la marque de leur sang, mais je n'ai pas pu
apprendre s'ils étaient dangereux et si l'on avait
d'autres méfaits à leur reprocher que de troubler
le sommeil des riverains pendant les nuits de lune.
Les *afrîtes* de cette espèce abondent partout, et
plusieurs d'entre eux ont une origine européenne.
Lorsqu'on se rend de Louxor à Karnak, un peu
plus d'à mi-chemin, on longe sur la gauche trois
enclos assez maigrement plantés d'arbres : ce sont
trois cimetières, protestant, catholique et copte,
que l'on a rangés ainsi sur le bord de la chaussée
afin de rappeler aux touristes que l'on meurt même
en Égypte, et qu'il n'y a si heureux voyage d'agré-
ment qui ne puisse aboutir soudain à une fosse en
pays étranger. L'un des premiers parmi les hôtes
du cimetière protestant fut, dit-on, un soldat
anglais qui, redescendant d'Ouady-Halfah où il
était en garnison, voulut se baigner au large de
Louxor et se noya. Il erre d'habitude dans l'en-

ceinte, parmi les tombes, et il se borne à darder des regards de flamme sur les vivants qui suivent le chemin : quelquefois, pourtant, il sort derrière eux, et il les accompagne jusqu'aux premières maisons de Karnak ou jusqu'au petit pont voisin de Louxor. Un autre soldat anglais, qui périt en escaladant la grande pyramide vers 1882, hante le plateau de Gizéh au coucher du soleil, et moi-même à Rodah, en 1884, j'ai entendu parler d'un mécanicien français qui, broyé dans un engrenage dix ou douze ans auparavant, revenait par intervalles vérifier si tout marchait bien à l'usine. Les spectres étrangers n'ont pas encore envahi Karnak, mais les êtres surnaturels que nos ouvriers y connaissent appartiennent au vieux fonds de la population indigène. Les Thébains de la XXe dynastie devaient s'effrayer déjà d'histoires analogues à celles que leurs descendants m'ont racontées, et ce sont les croyances de l'Égypte pharaonique qui se perpétuent pour la plupart dans les superstitions de l'Égypte actuelle.

XVI

LA PÊCHE AUX STATUES
DANS LE TEMPLE DE KARNAK

Louxor, le 5 février 1905.

Voici vingt mois que nous pêchons la statue dans le temple de Karnak. Cela a commencé vers les derniers jours de novembre 1903, et depuis lors, il n'y a eu d'interruptions que le temps des vacances et les chômages des ouvriers. Sept cents monuments en pierre sont déjà sortis de l'eau, mais ce n'est pas la fin encore : deux fois la chance a paru nous trahir, et deux fois, après quelques jours de rigueurs, elle nous est revenue plus souriante. Statues intactes et fragments de statues, bustes, troncs mutilés, corps sans têtes, têtes sans corps, bases sur lesquelles il n'y a plus que des cassures de pieds, Pharaons trônant, reines debout, prêtres

d'Amon et particuliers tenant devant eux des naos
ou des images de divinités, accroupis, agenouillés,
assis, saisis dans toutes les attitudes de leur profession ou de leur rang, en calcaire, en granit noir
ou rose, en grès jaune ou rouge, en brèche verte,
en schiste, en albâtre, c'est un peuple complet qui
remonte à la lumière et qui vient réclamer un abri
aux galeries de notre musée.

Quatre ans bien écoulés que notre service s'em-
ploie à consolider Karnak, je me suis strictement
imposé comme loi de n'en abandonner un coin
qu'après l'avoir exploré à fond, murs, dallages,
sous-sols, et après avoir cherché à en extraire tous
les restes de monuments antérieurs qui peuvent
s'y rencontrer. C'est à la rigueur avec laquelle je
l'oblige à l'appliquer que M. Legrain doit d'avoir
découvert plusieurs chefs-d'œuvre, la statue du
dieu Khonsou, le groupe de Thoutmôsis IV et de
sa mère Tiâ, le colosse d'un Sanouosrît IV qui
florissait sous la treizième dynastie, les bas-reliefs
triomphaux d'Aménôthès II à son retour de Syrie,
après les razzias de sa première expédition. La
campagne se poursuit maintenant dans l'avenue
qui s'étend au sud de la salle Hypostyle, sur les
deux faces du septième pylône, où des sondages
exécutés autrefois m'avaient révélé la présence de
statues et de stèles en quantité. Elle produisit
d'abord, pendant les derniers mois de 1902, une
quinzaine de colosses qui, dressés jadis le long de

la façade septentrionale du pylône, à droite et à gauche de la porte, gisaient démembrés sous les décombres ; aujourd'hui, ils ont été reconstitués de nouveau, et ils sont debout, presque tous à leur place antique. Ce fut ensuite, pendant l'hiver de 1902-1903, une masse de blocs en calcaire, décorés de bas-reliefs merveilleux et provenant, quelques-uns d'une chapelle de Sanouosrît Ier, le plus grand nombre d'un édifice bâti par Aménôthès Ier vers le début de la dix-huitième dynastie. Thoutmôsis III les avait utilisés, comme matériaux de rebut, à remblayer l'aire de la cour, tandis qu'il érigeait sur un plan très vaste les propylées du temple d'Amon. Les débris de Sanouosrît Ier apparaissent trop rares encore ; peut-être nous faudra-t-il les traiter en morceaux de collection, et les envoyer au Caire. Ceux d'Aménôthès Ier se sont multipliés si fort que je me suis décidé à reconstruire l'édifice auquel ils appartenaient. M. Legrain en a retrouvé l'agencement, et il en a rassemblé les éléments épars, sous l'inspiration bienveillante d'un architecte allemand, M. Wefels, que le soin de sa santé avait conduit en Égypte, mais nous n'avons pas encore choisi le site. Lorsque nous l'aurons, ce ne sera plus l'affaire que de quelques mois ; les visiteurs de Karnak pourront admirer au soleil un monument que Thoutmôsis III avait enfoui au lendemain de ses premières victoires, et dont nul œil humain n'avait rien aperçu depuis plus de trois mille cinq cents ans (1).

C'est en tirant de terre l'un des plus beaux parmi ces blocs que, vers la fin de novembre 1903, M. Legrain dégagea les pièces d'un colosse en albâtre. La crue avait été plus abondante que de coutume, et le niveau des infiltrations se maintenait assez haut, gênant ses opérations ; les premiers fragments ramenés, il distingua dans la fange, au fond de la cavité qu'ils avaient remplie, des contours de statues vaguement ébauchés et que l'eau suintant de toute part eut vite recouverts. Il commanda aussitôt qu'on les retirât, sans s'émouvoir autrement de l'aubaine, car le succès des années précédentes l'avait blasé sur les joies de la découverte ; mais tandis qu'on les arrachait à leur lit de boue, l'un des ouvriers s'écria qu'il y en avait de reste sous ses pieds. Il en vint d'autres sous celles-là, puis d'autres encore, et toujours d'autres : elles semblaient pousser entre les hommes à mesure qu'ils les ramassaient. La plupart étaient de facture et d'intérêt secondaires, de bons morceaux d'atelier et rien de plus, mais certaines sortaient de l'ordinaire : un groupe d'un prince et de sa femme assis aux côtés l'un de l'autre, avec leur fille debout

---

(1) Le site a été choisi depuis lors, mais la reconstruction est encore à commencer : il faudrait pour qu'elle se fît que j'eusse un hiver le loisir de séjourner à Thèbes plus longtemps qu'à l'ordinaire.

contre leurs jambes; deux grosses têtes en granit rose de Sanouosrît Ier de fière mine et de style puissant; un souverain pontife d'Amon en granit moucheté blanc et noir accroupi en paquet, les bras croisés, les cuisses aux dents; une statuette en une pierre blanche teintée de vert pâle, que les indigènes appelèrent aussitôt de la racine d'émeraude. Vers la fin de décembre, il y avait quarante statues intactes dans la maison du Service, les débris d'une vingtaine attendaient sur le chantier qu'un coup de fortune leur restituât les portions qui leur manquaient, et l'extraction continuait sans arrêt notable. La pierre prédominait, mais le bronze oxydé commençait à abonder, les uræus incrustées d'émaux multicolores, des têtes ou des bouts de sceptres, des montures d'yeux gigantesques tombés de quelque colosse, des lames d'outils, des figurines d'Orisis-momie dont plusieurs d'un fini admirable. Plus on avançait, et plus il devenait évident que le hasard seul n'avait pas réuni tant d'objets disparates en cet endroit; on avait dû les y accumuler de parti pris, et peut-être avaient-ils servi à dissimuler un dépôt plus précieux, la vaisselle sacrée ou les statues d'or et d'argent enterrées par les prêtres thébains en des temps troublés. L'idée qu'il y avait un trésor, le trésor d'Amon, enfoui là, sous la pierre et dans la boue, vint à M. Legrain, naturelle; bien que je ne me sois jamais rallié à elle, elle l'a soutenu à travers les fatigues de sa longue campagne, et aujourd'hui encore, elle obsède son esprit.

Entre temps, le bruit s'était répandu que nous faisions merveille à Karnak, et l'imagination orientale se mettant de la partie, ce n'était plus par dizaines, ni même par centaines, que les monuments surnageaient mais par milliers et de taille colossale ; même les masses d'or dont M. Legrain prédisait la venue prochaine, le peuple des villages les avait déjà soupesées entre nos mains et il en avait escompté la valeur en monnaie courante. Les touristes, dont la race est nombreuse à Louxor durant les mois d'hiver, affluaient chaque jour aux environs du pylône, et lorsqu'ils ne se présentaient pas en bandes trop indisciplinées, on les admettait volontiers au spectacle. C'était une vraie pêche aux statues qui se poursuivait sous leurs yeux. La tranchée, creusée dans l'angle nord-ouest de la cour, contre les murs de la salle Hypostyle, était sèche par endroits et par endroits semée de mares ; le chantier était établi dans la plus grande de celles-ci, qui était la dernière du côté sud. Chaque matin, une vingtaine d'hommes épuisaient, avec de vieux bidons à pétrole en guise de sceaux, les trois ou quatre pieds d'eau bourbeuse qui la remplissaient et ils les emmagasinaient dans un réservoir situé légèrement en contre-haut et séparé de la grande mare par une mince cloison de terre. Lorsqu'ils n'y rencontraient plus que de la vase d'une certaine consistance, ils l'attaquaient à la pioche, s'arrêtant de temps en temps pour piétiner doucement jusqu'à ce qu'une résistance sous leur talon leur semblât révéler la présence d'un bloc. Dès lors, ce n'était plus à la pioche qu'ils continuaient, mais à la main, de peur qu'un choc maladroit de l'instrument ne causât des dommages irréparables. Les contours et les dimensions de l'objet définis tant bien que mal, ils le soulevaient de leur mieux avec des leviers en bois, et ils tâchaient de l'attirer au bord par une série de secousses lentes ; s'il s'y refusait, ou que le poids fût trop grand, ils l'entouraient de plusieurs tours de corde, ils s'attelaient aux extrémités et ils hâlaient par trois ou quatre avec précaution. C'est ce moment de l'opération que les touristes, prévenus par leurs drogmans, attendaient impatiemment chaque fois. La boue était tenace, la corde tendait à glisser et à s'échapper, le fond de la mare offrait un point d'appui insuffisant ; le plus souvent, la pièce, après avoir opposé une longue force d'inertie, se détachait brusquement de sa gangue dans l'instant qu'on y songeait le moins, et les ouvriers, perdant l'équilibre, tombaient en paquets l'un sur l'autre, éclaboussant les gens d'alentour. Les touristes pouffaient de rire, et ils se sauvaient aussitôt pour la plupart ; quelques-uns pourtant demeuraient, afin d'assister à la reconnaissance de la statue. On lui lavait le corps, on lui débarbouillait la figure, on l'épongeait, on l'essuyait, on la brossait, et en général, ce traitement vigoureux lui réussissait promptement; en moins de cinq minutes, les traits du visage apparaissaient, les inscriptions devenaient lisibles, les détails du costume ou du style complétaient les renseignements fournis par les inscriptions, et nous savions si le nouvel arrivé était le grand prêtre Ramsès-nakhouîtou de la vingtième dynastie ou le seigneur Anakhoui de la treizième. Le soir, avant de quitter la place, on perçait la cloison et on reversait dans la mare l'eau dont on l'avait vidée le matin; la nappe liquide se déployait en un clin d'œil, et elle protégeait le site contre les tentatives de nuit plus efficacement, et à moins de frais, qu'un poste de gardiens ne l'aurait fait.

Les voleurs ne pouvaient rien dans ces conditions, et ils le constatèrent à regret dès les premiers jours. Que le Service bénéficiât seul d'un bonheur aussi continu, c'était, pour eux et pour les marchands dont ils fournissent les boutiques, une cause d'indignation et de regrets inconsolables. Ils étaient accourus non seulement de Louxor, mais de l'Égypte entière, de Kénèh, de Siout, de Mellaoui, du Caire, et ils rôdaient autour de nos chantiers, demandant en vain à tous les saints du calendrier copte ou de la tradition musulmane un moyen, n'importe lequel, de dévier entre leurs mains les menus profits de ces coups de filet miraculeux. Quand ils auraient corrompu nos ouvriers

ou nos surveillants, ce qui n'était ni impraticable ni même difficile, il ne leur aurait servi de rien : les morceaux de valeur étaient rares et trop lourds pour que personne se risquât à les dérober en plein soleil, pendant la découverte, et l'eau profonde rendait futile tout travail furtif de nuit. La plupart renoncèrent devant les obstacles, mais plusieurs ne s'avouèrent pas vaincus, et changeant leurs batteries, ils concentrèrent leur effort sur les magasins où l'on remisait les statues avant de les expédier au Caire. Ils sont clos de murs épais, ils touchent à la maison où M. Legrain loge avec sa famille, et deux de nos gens y veillent nuit et jour. M. Legrain, pour plus de sûreté, enferma les pièces légères dans son bureau, et il réquisitionna près de l'omdéh de Karnak deux gaillards vigoureux qu'il adjoignit aux nôtres. Ce fut cette précaution qui faillit tout gâter. Un des notables de la contrée s'arrangea pour nous affubler de deux larrons professionnels à sa discrétion ; il n'espérait pas nous voler tout, mais un objet avait exaspéré sa convoitise, la statuette qu'on disait être en racine d'émeraude, et que la crédulité populaire estimait dix mille livres égyptiennes, deux cent soixante mille francs de notre monnaie. Les principaux de Louxor se plaisaient à la voir fréquemment, tant qu'un jour, vers le milieu de janvier, l'un d'eux dit à M. Legrain, sur un ton de bonne humeur un peu forcée :
« Cachez-la bien, ou je vous la fais voler. »

M. Legrain rit beaucoup, mais, dès qu'il fut seul, il la serra ailleurs, et il la remplaça par deux bonshommes de peu d'importance. Bien lui en prit. La nuit même, des gens très instruits de l'état des lieux escaladèrent le mur d'enceinte, percèrent une muraille et emportèrent sans bruit les deux comparses. L'enquête prouva que le coup avait été exécuté par les deux gardiens surnuméraires et on les empoigna, mais ils nièrent résolument; nous commencions à désespérer de jamais rien savoir, lorsqu'une dénonciation anonyme nous révéla les noms des recéleurs et le village où ils habitaient. L'instigateur du rapt est demeuré impuni, ses complices ayant refusé de le charger, mais nous sommes rentrés en possession des monuments escamotés si subtilement, et les voleurs ont été punis. Nous voilà tranquilles pour quelque temps.

Cependant, la recherche continue sans que le gisement semble s'épuiser ni même s'appauvrir. La fouille s'enfonce si profond dans le sol qu'elle vient d'atteindre le niveau des infiltrations constantes. Pour lutter contre l'eau qui nous envahit, nous avons dû armer deux pompes à bras et des chadoufs sur le bord du trou, puis bientôt, ces moyens ne suffisant plus, une pompe à vapeur. La tranchée s'élargit et s'allonge à mesure qu'elle se creuse, et la surveillance en devient plus pénible; pourtant, elle n'absorbe pas M. Legrain au point qu'elle l'empêche de dresser le catalogue de nos richesses. La valeur historique en égale la valeur artistique, si même elle ne la surpasse pas. La majeure partie nous reporte à l'une des époques les plus obscures de l'histoire, celle qui, s'étendant de la dix-neuvième dynastie à la conquête persane, vit l'empire militaire de Thèbes se transformer en une principauté théocratique. Les grands-prêtres d'Amon de l'âge ramesside ouvrent la marche, puis ceux qui furent contemporains des Bubastites, tel cet Horsiêsis, dont nous ignorions jusqu'au nom mais qui fut pontife et roi vers le milieu du huitième siècle. Lorsque la lignée mâle défaillit, et que des femmes survécurent seules pour régir l'Égypte du sud, les documents nouveaux nous introduisent dans le détail de leur vie. Nous y lisons comment les Pharaons, conciliant le respect des traditions avec les besoins de leur autorité souveraine, envoyèrent l'un après l'autre leurs filles régner sur le domaine d'Amon, et quelle série d'initiations celles-ci subissaient avant d'entrer légalement dans la famille pontificale. Elles étaient introduites en pompe devant le dieu, et, si elles se conciliaient sa faveur, elles étaient adoptées sur-le-champ par la princesse régnante ; toutefois, elles ne devenaient reines en titre qu'à la mort de leur mère adoptive. Elles étaient dès lors les épouses légitimes d'Amonrâ, libres de se choisir quiconque leur plaisait pour le représenter auprès d'elles, mais, comme les reines de Madagascar, elles ne possédaient que l'extérieur du pouvoir; elles avaient un tuteur héréditaire, une sorte de maire du palais, issu d'une race dévouée aux Saïtes, et qui administrait les affaires militaires et civiles. Les autres périodes de l'histoire sont représentées moins abondamment jusqu'à ce jour; elles nous ont fourni pourtant quelques monuments d'une beauté extraordinaire, ne fût-ce que le torse en granit rose d'un des Pharaons de la dix-huitième dynastie et les deux statuettes en granit noir d'Amenemhaït III. Le plus original de tous est peut-être une figurine qui pouvait être un portrait d'Aménôthès IV ou d'Aï, le roi hérétique. Elle n'est pas taillée dans une pierre réelle, mais dans du bois pétrifié, probablement un morceau d'un de ces nicolias gigantesques dont on connaît des spécimens remarquables sur les plateaux du Mokattam, à l'est du Caire. Malgré la dureté incroyable de la matière, elle est modelée avec une sûreté et une souplesse rares : le sculpteur aurait employé le calcaire tendre, qu'il n'aurait pas réussi à lui imprimer plus de délicatesse et plus de grâce.

Et maintenant, comment expliquer l'accumulation de tant d'objets précieux dans un même endroit? M. Legrain croit toujours au trésor, et ce n'est pas lui qui s'étonnera si bientôt les statues en métaux précieux succèdent aux statues de pierre. D'autres n'osent se flatter d'un si riche espoir, mais ils imaginent volontiers qu'un jour de danger les prêtres d'Amon voulurent soustraire à l'ennemi les meilleurs des monuments consacrés par leurs ancêtres, et qu'ils pratiquèrent à cet effet la cachette que nous vidons. Ces hypothèses n'ont rien d'invraisemblable en soi. Le sacerdoce thébain fut obligé souvent d'enterrer ses richesses pendant les guerres ou les révolutions qui désolèrent la cité, mais je doute qu'un endroit aussi facile d'accès que l'était notre cour lui eût paru offrir les conditions de secret nécessaires en cas pareil. D'ailleurs, l'or et l'argent qu'on enfouit de la sorte ne font pas d'ordinaire un long stage sous terre. Lorsqu'ils échappent à l'ennemi, les prêtres se hâtent de les retirer, le péril passé, et de les réintégrer dans leurs dépôts habituels. Si jamais le trou de Karnak reçut des statues d'or et d'argent, elles n'y séjournèrent qu'assez peu, et nous n'avons aucune chance de les y retrouver, à moins qu'elles ne se soient égarées dans la boue. Quant aux statues de pierre, quelque valeur que nous leur reconnaissions, elles présentaient un intérêt très faible pour les Égyptiens de l'âge ptolémaïque. La question d'art n'existait pas chez eux, et ils ne voyaient dans ces œuvres qui nous sont si précieuses, que des ex-voto dédiés jadis par des personnages célèbres en leur génération, mais dont les noms étaient oubliés pour la plupart. Ils en avaient utilisé quelques-unes afin de réparer le dallage du temple, pourquoi se seraient-ils inquiétés de sauver les autres? Les ennemis les auraient brisées ou enlevées comme trophées que personne ne s'en serait affligé parmi eux. Le cœur des Égyptiens ne se sentait blessé que s'il s'agissait des images divines; il saignait lorsque l'étranger les lui ravissait, et il exultait lorsqu'un Pharaon conquérant, fût-il Grec d'origine, les rapatriait. Je vois une solution plus simple au problème qui nous préoccupe. L'enfouissement eut lieu pendant la première moitié de la domination macédonienne; le style de plusieurs statues le prouve, et la présence parmi elles de grosses monnaies de cuivre à l'aigle lagide. Or, Ptolémée Ier et ses successeurs travaillèrent beaucoup à Thèbes; ils reconstruisirent le sanctuaire, ils rapiécèrent les colonnes de la Salle hypostyle, ils réparèrent le temple de Phtah et certains des édifices qui entouraient le lac sacré. Tout cela avait souffert, et de plus, les ex-voto accumulés depuis des siècles obstruaient les couloirs ou les cours. Les maçonneries consolidées, on ne voulut jeter à la voirie, ni vendre, ni détruire aucun de ces objets qui, en somme, étaient devenus la propriété personnelle du dieu; on fit pour eux ce qu'on avait accoutumé de faire partout dans des occasions semblables, chez les barbares comme chez les Grecs. On creusa une fosse à leur intention, dans la cour du septième pylône, une favissa où on les précipita avec les cérémonies voulues. Ce ne fut pas la seule, à coup sûr. Comme pour les momies royales, la foule en était si considérable qu'une cachette unique ne suffit point à les contenir. J'ai bon espoir que nos fouilles futures nous rendront celles de ces fosses où les ex-voto des temps plus anciens avaient été enterrés.

XVII

LES PHARAONS
ÉCLAIRÉS A LA LUMIÈRE ÉLECTRIQUE

Assiout, le 15 février 1903.

Les Pharaons n'ont dû rien y comprendre. Quand je dis les Pharaons, c'est simple façon de parler : un seul Pharaon est demeuré à Thèbes, les autres sommeillent en paix au fond d'une cachette que nous découvrirons un jour, ou sont exposés sous glace au musée du Caire. En somme, c'est Aménôthès II, et lui seul, qui n'a dû y rien comprendre. On vient de lui mettre l'électricité dans son tombeau, et tous les jours de cet hiver, de neuf heures du matin à deux heures de l'après-midi, il a vu la lumière jaillir et s'éclipser au gré des touristes, avec une rapidité d'allumage et une intensité de pouvoir dont il n'avait jamais eu l'idée sous son règne.

Un roman égyptien d'autrefois nous conte les aventures d'une famille de revenants qui vivotait à l'aise, en compagnie de ses momies, dans un caveau illuminé par un talisman merveilleux, une incantation écrite sur papyrus de la main de Thot lui-même (1). Les premiers effarements passés, Aménôthès s'est imaginé à coup sûr qu'un sorcier bien intentionné lui avait fait cadeau d'un grimoire pareil, et il a remercié les dieux dévotement : l'Académie des sciences en corps perdrait son temps à essayer de lui persuader le contraire.

Dès mon retour en Égypte, j'avais été frappé de l'aspect lamentable que les tombeaux des rois thébains avaient pris pendant mon absence : partout les couleurs s'étaient amorties, les bas-reliefs s'étaient encrassés, et il semblait qu'un voile de gaze noirâtre se fût interposé entre eux et l'œil du spectateur. La faute en était uniquement aux procédés d'éclairage employés par les visiteurs et que le Service des Antiquités était obligé de tolérer. Jadis, quand les voyageurs étaient rares et qu'il en venait deux ou trois cents au plus chaque hiver, il n'y avait pas grand inconvénient à leur permettre l'usage des bougies, ni même des torches : les fumées n'étaient pas assez abondantes à chaque fois pour produire des effets nuisibles. Mais

---

(1) C'est l'*Aventure de Satni Khâmois avec les momies*, qu'on trouvera racontée tout au long dans les *Contes populaires de l'Egypte ancienne*, 3ᵉ édition, pp. 100-129.

aujourd'hui les étrangers affluent par troupeaux de deux ou trois cents, et leur nombre total dépasse quatre mille pendant la saison. Ce n'étaient donc plus quelques bougies, c'étaient des centaines qui se promenaient par les galeries et par les chambres, répandant sur leur passage des traînées de suie, sans compter les drogmans qui allumaient du fil de magnésium devant les tableaux les plus célèbres : c'était chose défendue et les gardiens du Service avaient l'ordre de l'empêcher, mais deux ou trois piastres de bakhchiche, distribuées à propos, fermaient les yeux des gardiens. Les hypogées demeuraient infectés pendant plusieurs heures de vapeurs qui en rendaient la promenade insupportable, et qui, se condensant sur les plafonds et sur les parois, les engluaient chaque jour davantage. Encore quelques années, et le tombeau de Sétouî Ier, celui de Ramsès III, ceux de Ramsès V et de Ramsès IX, les plus fréquentés de tous, n'auraient présenté qu'une succession de cavités noircies où l'on n'aurait plus distingué que la trace décolorée des peintures d'autrefois. Le seul moyen de prévenir l'achèvement du mal commencé, c'était d'installer l'éclairage électrique au plus tôt : par lui-même, en effet, il nuit peu aux objets, et d'autre part, la lumière qu'il émet est assez forte pour empêcher les voyageurs de regretter leurs fils de magnésium. Toutefois des difficultés nombreuses semblaient s'opposer à son emploi. La Vallée des

Rois est à quelques kilomètres du puits le plus proche : où se procurerait-on l'eau nécessaire? Serait-il possible d'établir l'usine de fabrication dans un endroit assez caché, pour qu'elle ne gâtât pas le site admirable que les Égyptiens avaient choisi afin d'y enterrer leurs souverains? Les odeurs du pétrole, les bruits de piston, les ronflements du volant, pourraient-ils être supprimés ou simplement atténués? Enfin, et ce n'était pas la moindre inquiétude, où trouver d'un seul coup l'argent, les quinze ou vingt mille francs que l'entreprise exigeait? Comment le Service des Antiquités, à force de gratter le fond de tous ses tiroirs, réunit enfin la somme dont il avait besoin, c'est une histoire compliquée et pénible où le public ne s'intéresserait guère. L'argent prêt, le Ministère des travaux publics nous octroya carte blanche pour agir comme nous l'entendions, et le reste alla de soi. Il y avait, un peu à l'est de l'hypogée de Sétouî Ier, un tombeau presque entièrement ruiné, celui de Ramsès XI, dont l'entrée servait de salle à manger; les drogmans y dressaient des tables, et les touristes y déjeunaient sous la protection du roi. On le choisit afin d'y loger l'usine, et on le livra aux électriciens. Ceux-ci eurent bientôt fait d'y établir les machines, sous la direction d'un ingénieur, M. Zimmermann, dont les propriétaires de l'hôtel de Louxor consentirent à nous céder les services. Enfin, un notable du village de Gournah se chargea, moyennant salaire, de nous expédier chaque jour, à dos d'âne, les quantités d'eau indispensables. L'installation, commencée dans les derniers jours de décembre 1901, ét it achevée en mars 1902, et les essais en furent aussitôt déclarés satisfaisants. Depuis lors, le système a fonctionné sans à-coup pendant tout l'hiver de 1902 à 1903, au grand bénéfice des monuments eux-mêmes et à la joie non moins grande des curieux.

On arrive, et dès l'abord, il semble que rien ne soit changé dans la Vallée. Il faut y regarder de très près pour distinguer, dans un coin, trois ou quatre poteaux en bois qui tâchent de se faire tout petits, et un câble qui circule de l'un à l'autre presque invisible. Partout où on l'a pu, la ligne chemine sous le sable ou à ras du roc, et ce n'est qu'à la dernière extrémité, pour enjamber le creux du ravin, qu'elle s'est résignée à s'étaler visible en plein air. L'usine se cache si bien dans son clapier, où personne ne va, qu'il faut être littéralement sur elle pour l'apercevoir, ou pour en entendre le bruit. De temps en temps, un coup de piston plus fort résonne, ou un souffle de vent, glissant par le ravin, apporte une senteur légère de pétrole; le tout est si faible que la plupart des voyageurs entrent et séjournent dans l'hypogée de Sétoui Ier sans soupçonner l'existence d'une machine à quinze mètres de là. Toutes les tombes royales sont précédées d'une sorte de vestibule à ciel

ouvert, qui n'est que le prolongement de leur galerie d'accès. On a posé, sur la plus grande partie
de ce vestibule, une toiture en bois et en verre, puis
on a fermé les deux extrémités au moyen de deux
cloisons munies de portes, et l'on a obtenu ainsi
l'atelier : deux ou trois cartouches mutilés y rappellent le nom du premier maître, et sa silhouette
s'ébauche vaguement à droite sur l'une des faces
du rocher. Au centre la machine ronfle et va son
train, une machine Crossley de la force nominale
de dix-sept chevaux, solide, trapue, rustique, telle
qu'il la faut sur un point du globe aussi éloigné
des ateliers de fabrique ou de réparation. Les
réservoirs et le tableau de distribution sont relé-
gués sur les côtés, et au fond, par une porte entr'-
ouverte, l'œil se glisse dans la chambrette où le
mécanicien loge six mois de l'année. Rien n'est plus
significatif que cette association du décor antique
et de l'outillage contemporain, ce disque solaire
dont on suit les contours au-dessus de la baie pharaonique, et ces engins d'acier et de cuivre qui se
meuvent et travaillent presque sans bruit, avec cet
air d'application consciencieuse et facile qui carac-
térise nos inventions les plus compliquées. Trop
souvent le monde moderne détruit l'ancien pour se
substituer à lui : ici, il le respecte et il l'aide à
continuer ce qui lui reste de vie. L'usine distribue
actuellement la lumière à six tombeaux, mais nous
ne l'utilisons que pour trois à la fois, et nous nous

arrangeons de manière à n'avoir de visiteurs que dans deux d'entre eux le plus souvent. Grâce à cette prudence et à l'habileté de M. Zimmermann nous n'avons éprouvé jusqu'à présent aucun mécompte. Nous avions prévu le cas où la force viendrait à manquer soudain ou le courant à s'interrompre, et nous avions emmagasiné dans chaque tombeau des provisions de lanternes et de bougies : nous n'avons jamais eu à nous en servir.

Les six tombeaux élus pour le premier essai sont ceux d'Aménôthès II, de Ramsès Ier, de Sétouî Ier, de Ramsès III, de Ramsès V et de Ramsès IX, qui ont toujours attiré l'attention des étrangers. Lorsqu'on a descendu l'escalier usé et glissant qui conduit chez Sétouî Ier, on aperçoit au plafond de la galerie inclinée une enfilade de lampes qui semble s'enfoncer très loin dans le sol, et à mesure qu'on s'éloigne du jour on est saisi par la netteté avec laquelle on perçoit les moindres détails des tableaux répandus sur la muraille. Dans les endroits où le sculpteur, arraché à son œuvre par la mort du souverain, a laissé des pans entiers d'inscriptions et de figures, les unes esquissées seulement à la sanguine, les autres à demi levées sur la pierre, toute la technique de la mise en place et de l'exécution nous apparaît en plein : esquisses de l'ouvrier, corrections du dessinateur en chef, attaque des surfaces à la pointe, réserve et modelé des personnages ou des hiéroglyphes, aucun des détails qui peuvent intéresser l'artiste ou l'historien de l'art n'échappe aux jets de la lumière nouvelle. Et tandis qu'on pousse plus avant, les théories de dieux et de monstres, qui demeuraient presque inaperçues au pâle reflet des bougies ou aux coruscations fameuses du magnésium, accusent une vigueur de contours et une intensité de vie qui les transforment : il s'en détache à chaque instant des faces de rois, des profils d'animaux, des masques de génies farouches, des silhouettes de déesses, dont personne jusqu'à présent n'avait admiré la grâce délicate et fluette. C'est surtout dans la salle du sarcophage, celle que les Égyptiens nommaient la Salle d'Or, que les avantages de l'éclairage moderne se manifestent. Avec sa largeur, la hauteur de ses voûtes, l'épaisseur de ses piliers, qui pouvait se vanter de l'avoir embrassée dans sa totalité? Les plus favorisés en discernaient quelques portions, aveuglés à demi par l'éclair du magnésium et par l'espèce de crépuscule douteux qui succédait, lorsque le magnésium s'était consumé : ils s'efforçaient de se figurer ce qu'elle serait si on la leur montrait sous des clartés suffisantes, mais ils réussissaient mal à s'en composer une image adéquate. Aujourd'hui, les lampes sont réparties et leur éclat est gradué de telle sorte qu'une clarté toujours égale règne partout, du sol à la voûte. Il n'y a plus besoin d'examiner longuement chaque tableau, ni de s'en fixer péniblement dans l'œil les lignes et la tonalité, puis, par un effort de mémoire dont peu sont capables, de coordonner les impressions isolées pour en déduire une impression d'ensemble. L'impression d'ensemble surgit en une fois, dès le premier pas, et c'est une joie de saisir aussitôt la richesse, les couleurs et l'équilibre parfait de la composition : infailliblement, au tour de bouton qui allume les lampes, le décor jaillit devant le spectateur et lui saute aux yeux.

Et pourtant, je me demande parfois si ces tombeaux, à s'illuminer si largement, ne perdent pas quelque peu de l'attrait qu'ils présentaient. Certes, ce n'est pas ainsi que les Égyptiens les avaient conçus, et jamais, en aucun temps de leur histoire, ils ne les virent plus distinctement que ne faisaient les voyageurs européens il y a un demi-siècle, avant l'invasion du fil de magnésium. Le seuil franchi et la porte refermée, les visiteurs semblaient avoir dit au jour un adieu éternel. L'ombre les engloutissait, mordant sans relâche sur le faible halo rougeâtre que leur torche émettait. Sous cette lueur tremblante et courte, les murs et leur décor demeuraient presque invisibles : les figures de dieux et les inscriptions sorties imparfaitement de la nuit s'y replongeaient aussitôt, dès que le cortège était passé. L'on avançait comme dans un rêve hanté de formes mystérieuses, et de fait, l'hypogée n'était déjà plus de notre monde à nous. On l'avait creusé à l'image des vallées sourdes que le soleil parcourait chaque soir, et où les âmes non vouées à Osiris séjournaient mélancoliques : on avait peint ou ciselé sur ses parois la course de l'astre à travers ces populations d'esprits dolents et de génies farouches, son escorte de dieux magiciens, le portrait des ennemis qu'il y combattait et des amis qui l'aidaient à vaincre ces ennemis, les incantations qu'il lui fallait entonner pour sortir triomphant de ses épreuves. Une descente chez Sétoui mal éclairé était, pour les modernes comme pour les anciens, l'image affaiblie d'un voyage dans les régions de la mort; n'est-ce pas détruire l'effet calculé par les Égyptiens que d'y prodiguer la lumière? Aux touristes qui connaissent la destinée des Pharaons il manquera peut-être la sensation d'horreur religieuse qu'ils attendaient, mais combien seront-ils par année? La foule, qui veut avant tout voir les merveilles dont on lui a parlé et non pas les deviner, n'a point de ces scrupules : la promenade lui est plus facile depuis que l'électricité fonctionne, et elle est ravie. Les choses sont d'ailleurs arrangées de telle manière que chacun, s'il le veut, se remet instantanément dans les conditions anciennes. Au tombeau d'Aménôthès II, par exemple, où la momie est encore à sa place dans le sarcophage, on procède à la répétition de l'une des cérémonies qu'on célébrait le jour des funérailles. A un moment donné, les lampes s'éteignent et les ténèbres se font, puis une lueur pointe au-dessus de la tête du souverain. C'est ce que les prêtres appelaient l'*Illumination de la face* : ils projetaient la flamme de leurs lampes au masque de la momie pour lui assurer la jouissance de la lumière éternelle. Après quelques minutes, le guide rallume les autres lampes, toutes à la fois si on le lui demande, l'une après l'autre lorsqu'on le préfère ainsi : il a donc de quoi varier ses effets et montrer la tombe sous son aspect d'autrefois avant de la ramener à celui d'à-présent. Les six hypogées sont machinés de même, et notre système offre du moins l'avantage de pouvoir contenter tout le monde. A ceux qui désirent connaître la décoration en détail et la bien voir, il verse la lumière à flots, sans risque ni dommage pour le monument. Il laisse aux raffinés la demi-obscurité et il leur procure l'illusion d'une visite aux dieux de l'enfer égyptien.

XVIII

CONTE ARABE

Louxor, le 27 janvier 1905.

Lorsque Ramsès, après avoir bataillé seize années contre les Hittites, conclut avec eux un traité de paix et d'amitié qui le laissait enfin maître du pays de Chanaan, il en ressentit une si joyeuse fierté qu'il grava le texte en gros hiéroglyphes sur les monuments, partout où il trouva une muraille libre. On en connaissait un premier exemplaire à Karnak, dans le grand sanctuaire de la rive droite, et un second sur un des pylônes du Ramesséum de la rive gauche; en dégageant le piédestal du colosse gigantesque qui encombre de ses débris la cour voisine, j'eus la bonne fortune d'en découvrir un troisième il y a quelques jours. Ce n'est, à vrai dire, qu'une inscription très mutilée, dont quatre ou cinq lignes au plus sont à peu près lisibles ; mais tout est bon à prendre, en archéologie, et je m'installai à la copie. Trois gros lézards et une petite couleuvre qui se chauffaient au soleil me cédèrent la place, furieux et tout sifflants d'être dérangés ; les restes du mur à vingt centimètres devant moi, d'énormes morceaux de granit à trente centimètres derrière, j'étais dans une sorte d'entonnoir profond où je disparaissais tout entier, et un régiment de touristes aurait pu passer à portée sans se douter qu'il y avait quelqu'un parmi les débris. J'étais donc fort occupé à me demander si un oiseau dont on ne distinguait plus que la queue avait été un aigle ou une chouette dans des temps meilleurs, lorsque des voix s'élevèrent de l'autre côté du mur. Deux des gardiens du temple, mon ânier et trois amis qu'il avait recrutés en route étaient là, étendus à l'ombre, et causaient librement, inconscients de mon voisinage. Comme il s'agissait d'affaires locales qui ne m'intéressaient pas, je n'écoutai d'abord que d'une oreille distraite ; mais bientôt, après des chuchotements de plus en plus indistincts, l'un d'eux toussa un grand coup, et je compris à son ton qu'il allait raconter une histoire.

Elle débuta, comme d'habitude, par la mention d'un sultan sans nom, qui régnait autrefois, dans un siècle très antique, et qui logeait au temple de Louxor, très puissant et très riche. Et non loin de son château un pauvre homme habitait, un marchand de toiles et de draps, qui gagnait à peine de quoi vivre. Sa maison se composait d'une chambre unique et d'une courette dans le coin de laquelle un figuier poussait ; quand le figuier donnait des figues, il en mangeait deux chaque jour avec son pain, puis, quand les figues de l'année étaient achevées, il mangeait son pain sec en louant Dieu, car il était très pieux et doué de toutes les vertus. Un après-midi d'hiver, rentrant chez lui après besogne faite pour réciter la prière, il s'aperçut que son figuier avait poussé brusquement dix figues les plus belles du monde ; l'une d'elles était ronde, grasse, vermeille, prête à tomber d'elle-même si on ne la cueillait, et les autres s'échelonnaient aux divers degrés de la maturité. Son premier mouvement fut de remercier Dieu qui opérait pour lui ce miracle ; mais, au lieu de cueillir la figue mûre et de s'en régaler, il alla consulter aussitôt son voisin le *rammâl*, qui lisait l'avenir dans le sable. Le *rammâl* prit sa boîte au sable, y traça des lignes, ébaucha des calculs, marmonna une conjuration et rendit son oracle : « Chaque jour pendant dix jours, tu porteras une de tes figues au sultan. Le dixième jour, ton destin s'accomplira, et le bon et le méchant trouveront chacun la place qui lui convient. »

Comme un sultan qui se respecte, celui de Louxor donnait audience tous les matins, depuis le lever du soleil. Il s'asseyait en avant de la première cour, entre les deux obélisques, et il écoutait patiemment les doléances ou les pétitions de ses sujets. L'entrevue se terminait quelquefois par un cadeau, quelquefois par une bastonnade paternelle, que les huissiers de service administraient avec élégance et prestesse ; un quart d'heure avant midi, le bon prince levait la séance et il rentrait au palais convaincu qu'il n'avait point perdu sa matinée. Dès l'aube, le marchand attendit dans la cour, avec sa belle figue couchée sur une assiette de Chine entre deux serviettes brodées. Quand ce fut son tour de passer, il se prosterna au pied du trône et il présenta l'assiette au souverain, en racontant que Dieu lui avait fait la faveur de lui envoyer hors saison dix figues superbes, si merveilleuses de parfum et de grosseur qu'elles n'étaient pas évidemment pour la bouche d'un simple sujet : il s'était permis d'apporter la première, et si le sultan y consentait, il reviendrait chaque matin lui offrir l'une ou l'autre à mesure qu'elles mûriraient. Le sultan approuva hautement le sentiment des convenances que cette démarche révélait. Il daigna lui-même manger la figue, et l'ayant trouvée à son goût, il commanda à son vizir, qui se tenait debout derrière lui, de donner à ce pauvre homme une pelisse d'honneur et cent guinées anglaises. Le pauvre homme rentra chez lui au comble de la joie : il s'acheta aussitôt un fusil, une montre, un âne blanc, et il invita ses voisins à un repas magnifique où l'on servit vingt terrines de ragoûts, quarante assiettes d'entremets sucrés avec des boissons glacées sans nombre.

— Et du vin aussi? demanda l'ânier.

— Et du vin comme celui qu'il y a dans les bateaux Cook, du vin blanc qui mousse et qui fait du bruit quand on débouche la bouteille.

— Allah! Allah! reprirent en chœur les trois gardiens, grand bien fasse à qui peut boire de telles boissons!

Le lendemain, la seconde figue arriva, puis la troisième figue le jour suivant, jusqu'à ce qu'il ne restât plus que trois figues à l'arbre; et chaque fois le cadeau devenait plus considérable, des esclaves, des chameaux, des terres, des pièces d'or et d'argent, si bien que le vizir en conçut de la jalousie. « Par le Dieu grand, se dit-il en son cœur, si je n'y prends garde, le sultan est capable de me destituer et d'installer cet intrigant à ma place. » Il alla donc secrètement, pendant la nuit, rendre visite au pauvre homme, et, après les compliments d'usage : « Le sultan ne cesse de parler de vous, et il songe même à vous donner sa fille en mariage, mais une chose l'afflige et le retient. Vous devez manger beaucoup d'ail, et l'odeur de l'ail l'incommode fort. Vous ferez donc bien désormais de ne paraître à l'audience qu'avec un linge blanc autour de la bouche : on vous saura gré de cette attention et on vous en récompensera,

ainsi que vous l'aurez mérité. » Le pauvre homme
se présenta donc tout emmitouflé de mousseline.
Comme il s'éloignait, le sultan demanda au vizir ce
que signifiait cette mascarade. « Je l'ignore,
répondit celui-ci, mais s'il plaît Votre Majesté, je
m'en informerai. » Il courut, et revenant la mine
longue, il se fit prier longtemps pour parler.

Cependant, comme le sultan s'impatientait et que
le poil de sa barbe commençait à se hérisser, le
vizir se prosterna et il murmura de sa voix la plus
douce : « Daigne se rappeler Votre Majesté qu'elle
a devant elle un homme de rien, un malheureux, un
fellah, un âne, de qui on ne saurait exiger qu'il ait
les belles manières. Il se montre fort reconnais-
sant des bontés dont Votre Majesté l'accable, mais
il m'a déclaré sans détours que Votre Majesté souf-
flait l'haleine la plus mauvaise qu'on pût imaginer
et qu'il se sentait prêt à défaillir chaque fois qu'elle
daignait l'entretenir. Grâce au linge dont il s'était
enveloppé la bouche et le nez, il a pu supporter la
conversation d'aujourd'hui sans trop de désagré-
ment. — Vraiment, dit le roi, ce drôle trouve que
nous ne fleurons pas assez bon pour lui agréer? »
Et il allait entrer en fureur quand soudain on le vit
éclater de rire : « N'importe, reprit-il, je ne veux
pas demeurer en reste avec lui, et s'il revient
encore m'honorer de ses figues je lui ferai un
cadeau auprès duquel tout ce qu'il a reçu jusqu'à
présent comptera comme rien. »

Le vizir s'en retourna chez lui assez troublé et ne sachant trop s'il n'avait pas augmenté la faveur de son homme en pensant l'amoindrir. Le lendemain, le marchand reparut, à demi masqué de blanc de même que la veille. Le sultan le contempla un instant puis il demanda l'encrier, la plume et le papier. Il écrivit un billet qu'il cacheta, et il le remit avec son propre sceau à l'homme en lui commandant de se rendre au Trésor le lendemain de grand matin : il consignerait le billet et le sceau au trésorier en chef, et certes il ne regretterait pas sa peine. L'audience terminée, le vizir joignit l'homme et le félicita, mais, ajouta-t-il, « Sa Majesté est si contente de vous qu'elle souhaite vous éviter jusqu'au moindre dérangement. Ce billet ordonnait qu'on versât mille livres au porteur du sceau. Voici les mille livres bien comptées ; rendez-moi le sceau et la lettre, qui vous sont inutiles. » Sitôt qu'il les eut en main, il ne douta plus de sa fortune. C'est à peine s'il dormit de la nuit, tant son impatience était vive, et l'aube le trouva à la porte du Trésor. Le trésorier lut le billet, baisa le sceau dévotement, leva le doigt : deux des soldats de garde empoignèrent le vizir et lui tranchèrent la tête avant qu'il eût le temps de comprendre ce qui lui arrivait. Cependant l'audience s'ouvrait, et l'homme aux figues était debout à son poste habituel, son assiette à la main, son linge sur la bouche. Le sultan, qui n'en croyait pas ses yeux, se les frotta vigoureusement, mais l'homme était toujours là. Il se détourna pour le montrer au vizir, mais le vizir était absent. En ce même moment, le trésorier entra, un sac de cuir à la main, et le sultan, qui l'aperçut : « Pourquoi n'as-tu pas décapité celui que je t'envoyais? — Que Votre Majesté me pardonne, je l'ai raccourci selon votre ordre. D'ailleurs, voici la tête ! » Et il posa la tête du vizir à terre, devant le trône. « Comment ! s'écria le sultan, tu m'as tué mon ministre ? — Sire, repartit le trésorier, Votre Majesté ne m'avait-elle pas ordonné de décoller sans retard le personnage qui me présenterait le billet et le sceau royal ? — Sans doute, mais ce n'était pas le vizir qui devait te les remettre. — C'est lui pourtant qui me les a remis. »

Le sultan, n'y comprenant plus rien, se décida à mander le pauvre homme et il le somma, à peine de la vie, de raconter tout ce qui s'était passé. Alors celui-ci exposa comment le vizir lui avait conseillé de se voiler la bouche, pour quel motif, et comment il avait empoché les mille guinées en échange du billet et du cachet. Le sultan, étonné de l'aventure, loua Dieu. « Ce vizir, dit-il, était un méchant homme, mais tout est bien qui finit bien. Il avait volé ta place et il l'a payé de sa tête pour la tienne ; remplace-le à ton tour et sois mon vizir. » Le marchand se courba le front dans la poussière et, tout en se prosternant, il répétait : « Le *rammâl* avait

raison, béni soit le *rammâl!* — Et qu'est-ce que le
rammâl avait à voir dans cette affaire ? — Sire,
quand je le consultai, ne m'annonça-t-il pas que le
dixième jour le bon et le méchant trouveraient
chacun la place qui lui convient? Et voici, aujour-
d'hui est le dixième jour : le vizir est mort, et moi
je suis à la place du vizir ! »

Une histoire en entraîne une autre, et le con-
teur avait déjà entamé les formules préliminaires
quand on m'appela : il fallut répondre et trahir ma
cachette. Mes fellahs, consternés de me savoir si
proche, se sauvèrent sans bruit et je me repris à
contempler la queue de mon oiseau. Les Égyptiens
n'aiment point se montrer à l'Européen tels qu'ils
sont réellement, et l'on peut vivre des années à
côté d'eux sans soupçonner qu'avec un peu
d'adresse on réussirait à leur soutirer la matière
d'un plein volume des *Mille et une Nuits.* Un petit
ânier de Gournah, à qui j'avais débité une version
très arrangée de Peau d'Ane entre le temple de
Sétouî et le Bab-el-Molouk, me gratifia, au retour,
d'une demi-douzaine de contes moitié satiriques,
moitié sentimentaux, qui m'ont laissé une impression charmante. Plairaient-ils à d'autres qu'à moi?
Je filais à travers les fèves fleuries, de ce pas très
doux que les ânes affectionnent quand ils n'ont pas
encore été corrompus par les excentricités des touristes, et comme ma journée était finie, je m'aban-
donnais au plaisir d'écouter paresseusement mon

compagnon. Il me psalmodiait ses récits d'une voix gutturale en trottinant menu à côté de moi, et sa phrase essoufflée, le rire dont il l'interrompait aux bons endroits, ses répétitions perpétuelles de formules et de mots prêtaient à ce qu'il disait une saveur singulière : c'est bien ainsi que les bourriquiers bavards du temps de Ramsès récitaient à leurs pratiques le *Roman des deux frères* ou celui du *Prince prédestiné*. Le récit devait évidemment la moitié de son intérêt à la mise en scène : je crains qu'à l'avoir retiré de son cadre il n'ait perdu le meilleur de son goût et de sa couleur.

XIX

L'OUVERTURE D'UNE NOUVELLE TOMBE ROYALE A THÈBES

Louxor, le 6 février 1903.

Un Américain, M. Théodore Davis, qui passe ses hivers en Égypte, a fourni l'argent; le Service des Antiquités l'a aidé à conduire la fouille, et l'un conseillant l'autre, ils ont mis la main sur l'un des rares hypogées royaux qui restassent à découvrir aux Bibân el Molouk, dans la vallée où les Pharaons thébains reposèrent jadis. La quête n'a été ni longue, ni fatigante. L'an dernier, le 18 janvier, après avoir examiné soigneusement le terrain avec M. Carter, l'inspecteur en chef du Saïd, il m'avait paru que le ravin abrupt où M. Loret avait trouvé en 1899 l'hypogée intact d'un prince Maiharpiriou devait recéler encore quelque sépulture. Un chantier d'ouvriers s'y installa donc, et, l'ayant attaqué par en bas, il en remonta lentement la pente, explorant tout sur son passage. M. Carter recueillit d'abord des objets qui avaient appartenu à Maiharpiriou, des éclats de verre multicolore, des rognures de cornaline taillée, les fragments d'un coffret au nom d'Aménôthès III, enfin, dans une boîte en bois, deux corselets en cuir découpé d'une conservation surprenante. Un peu plus haut, le nom de Thoutmôsis IV commença à sortir de terre, et l'on ramassa un morceau de calcaire sur lequel le portrait du Pharaon était esquissé à l'encre noire, ainsi que les débris d'un vase en albâtre où l'on distinguait ses cartouches. Nous ne pouvions plus douter qu'il ne fût enseveli près de là, dans quelque anfractuosité du terrain ; toutefois, l'amas des remblais était si énorme qu'au mois de mars, à l'instant où M. Davis, quittant Louxor, demanda qu'on suspendît le travail, nous n'avions pas atteint l'entrée. C'est seulement le 17 janvier dernier que le réis Mohammed, parvenu à la naissance du ravin, vit la porte se dessiner dans le roc au pied de la falaise. M. Carter accourut aussitôt et il se glissa en rampant jusqu'à la chambre du sarcophage, parmi les décombres. La momie était au musée depuis trois ans, mais le mobilier dont elle avait été munie le jour des funérailles était épars sur le sol, aux endroits mêmes où les voleurs l'avaient jeté après avoir dépouillé la momie. M. Carter constata rapidement l'état des lieux, puis il barricada de nouveau le portail, et nous télégraphiâmes à M. Davis de revenir d'Assouân, où il était en excursion pour le moment.

Le 3 février, au matin, toutes les personnes qui avaient le droit d'assister à l'ouverture étaient réunies aux Bibân el Molouk, M. Davis et sa famille, M. Carter, M. Legrain et M. Baraize du Service des Antiquités, puis quelques égyptologues en séjour à Thèbes, M. Newberry, M. Tytus, M. de Bissing, M. Lacau. Thoutmôsis IV avait établi sa *Maison d'Éternité* dans un des replis les plus sauvages de la vallée. C'était un ressaut de rocher, courant en corniche à mi-hauteur de la côte et accessible à peine par un talus de déblais : il l'avait aplani à coups de pic et il y avait taillé une plateforme irrégulière, sur laquelle une cinquantaine de personnes évolueraient à l'aise. Libre au Nord et à l'Ouest, elle bute à l'Est et au Sud contre la roche qui se rebiffe et monte presque perpendiculaire à trente mètres de haut. Une tranchée, pratiquée dans le sol vers le Sud, descend en pente rapide et s'enfonce sous une porte barrée de décombres : au delà, le couloir se perd dans l'ombre, et des silhouettes d'ouvriers s'agitent confusément. On travaille depuis l'aube à dégager les abords de la première chambre : les couffes de sable passent rapidement de main en main et vont se décharger au dehors, tandis que les électriciens du service, après avoir frappé sur notre usine un fil provisoire, attendent lampes au poing le signal du départ. Il ne s'agit pas encore de vider entièrement l'hypogée, mais le chemin que nous suivons n'est qu'un boyau juste assez large pour renouveler l'air et admettre l'explorateur. Le plafond est bas, la pente est raide, glissante, les débris dont elle se compose fuient sous le pied; on a tendu, le long des couloirs, une grosse corde tenue d'espace en espace par des gaillards vigoureux, et à laquelle s'accrocheront des deux mains ceux de nos compagnons qui n'ont pas l'habitude de ces descentes aux enfers. Au bout de quelques mètres, le jour s'éteint, les ampoules électriques s'allument, le couloir plonge obliquement, dans le roc, rude, nu, noirci çà et là par la fumée des torches anciennes. A la profondeur de trente mètres environ, il se redresse un peu puis il s'interrompt brusquement : un puits carré, large de quatre mètres, profond de dix, bâille ténébreux à nos pieds. Il était à deux fins : en premier lieu, il barrait la route aux larrons, puis, par les temps d'orage, si d'aventure les pluies avaient forcé la barrière des sables qui bouchaient l'entrée, elles s'engouffraient là sans pouvoir pénétrer jusqu'au réduit où dormait la momie. Il s'est montré plus efficace contre l'eau que contre les hommes, car les voleurs d'autrefois l'ont franchi sur des poutres lancées par-dessus et nous suivons leur exemple ; une passerelle préparée depuis quelques jours nous mène à l'autre bord sans trop d'insécurité. Le plafond est semé d'étoiles jaunes sur un fond bleu sombre ; vers le haut des parois, des scènes d'adoration se déroulent qu'il serait curieux d'étudier, mais nous les regardons à peine, pressés que nous sommes de pousser au cœur de la place, et c'est presque courant que nous débouchons dans la première chambre.

Elle s'emmanche à angle droit sur le prolongement du couloir, et elle se développe de l'Ouest à l'Est. Elle est comme écrasée sous un plafond bas, que deux piliers trapus, réservés dans la masse sur le grand axe, soutiennent, et ses murs sont demeurés bruts. C'est dans ce palais du roi mort qu'est le tombeau, l'équivalent de la Salle à colonnes du palais de Thèbes où le roi vivant donnait audience à ses sujets. A l'angle nord-est, un escalier mal équarri se creuse dans la roche et aboutit, au bout de vingt mètres environ, à une pièce plus longue que large qui sert d'antichambre au caveau funéraire. Elle est revêtue de peintures fort belles, autant du moins qu'on en peut juger par les interstices des tas de sable ou de pierrailles qui s'appuient contre elles et qui les masquent en partie. On y reconnaît à la première vue les scènes coutumières, le mort en adoration devant les dieux de l'Occident et leur présentant ses offrandes avec ses prières, ou serré entre les bras des déesses et puisant à leur sein le lait qui infuse la vie dans ses veines. Un coup d'œil sur les hiéroglyphes et nous sommes fixés : c'est de Thoutmôsis IV qu'il s'agit. Les cartouches tracés à côté de lui en feraient foi s'il en était besoin encore, mais ne distinguerons-nous point, parmi les lieux communs de l'imagerie mortuaire, quelque inscription qui nous renseignera sur son histoire? Et de fait, sur la paroi de droite, deux beaux textes hiératiques s'étalent, deux graffites écrits à l'encre noire entre deux des personnages sur le champ vide d'un tableau. Les Pharaons avaient l'habitude de déléguer par intervalles certains hauts fonctionnaires à l'inspection des tombes royales pour y vérifier l'état des lieux et la condition présente des momies, si le linge de leur maillot était endommagé ou si leur mobilier n'avait point souffert des hommes et du temps. Il arrivait souvent que ces commissaires eussent à enregistrer des constatations pénibles. Les brigands n'avaient pas respecté ces majestés défuntes ; parfois, avec la complicité des gardiens officiels, ils les avaient arrachées de leurs cercueils, ils avaient déchiré leurs bandelettes, ils leur avaient dérobé leurs bijoux, leurs insignes souverains, leurs amulettes, leurs armes de prix. Il fallait alors ramasser pieusement les cadavres déshonorés, les habiller à neuf, les recoucher dans leur sarcophage, remplacer les parties de leur trousseau qui avaient été détruites, après quoi l'on se retirait, non sans avoir laissé quelque part, sur un couvercle de cercueil, le procès-verbal circonstancié des opérations. Toutes celles d'entre elles dont nous avions gardé le souvenir appartiennent à l'époque des derniers Ramessides ou des grands-prêtres d'Ammon, et voici que les inscriptions nouvelles sont conçues dans le plus correct hiératique de la dix-huitième dynastie : le pillage de l'hypogée aurait-il commencé presque au lendemain de l'enterrement ? Le graffite principal nous raconte en effet, dans ses huit lignes, qu'en l'an VIII de cet Armaïs, qui fut le dernier Pharaon de la dix-huitième dynastie ou le premier de la dix-neuvième, « le quatrième mois de Shaït, Sa Majesté sainte commanda qu'on chargeât le porte-éventail à la droite du roi, scribe royal, intendant du Trésor, chef des travaux de la nécropole, guide de la fête d'Amon-râ Thébain, Maïya, fils du sieur Waï et de la dame Ouêrît, de renouveler la momie du roi Thoutmôsis IV, dans sa demeure auguste qui est à l'ouest de Thèbes ». Le graffite le plus court nous a conservé le nom de « son secrétaire, le gouverneur de la ville et comte Thoutmôsis, fils de Hâtaï et de la dame Souhak », celui-là même qui, de sa propre main, consigna sur la muraille le récit sommaire de la visite. Il est donc certain maintenant qu'un peu moins d'un siècle après l'ensevelissement, il fallut restaurer la momie de Thoutmôsis IV.

Avait-elle été violée déjà et dépouillée de ses trésors? Le règne d'Armais ferme une période de révolutions religieuses et de guerres civiles, et nous savons maintenant, par une de ses inscriptions monumentales, qu'aux jours de ses débuts, il trouva l'Égypte désorganisée complètement : les provinces étaient en armes les unes contre les autres, et les soldats battaient l'estrade à l'aventure, saccageant les villages et détroussant les voyageurs. On pouvait craindre que l'une de leurs bandes eût dévalisé la nécropole royale, et c'est pour se tirer de doute qu'Armais dépêcha Maîya et ses suppôts aux Bibân el Molouk. Les termes mêmes du document montrent que personne n'avait touché à l'hypogée de Thoutmôsis IV; on n'eut qu'à rhabiller la momie dont le linge tombait de vétusté, puis à remplacer les offrandes desséchées par des offrandes fraîches, ce que faisant, on emprunta à l'hypogée voisin de la reine Hachopsouîtou quelques ustensiles d'albâtre que l'on surchargea du nom du Pharaon. Le pillage eut lieu plus tard, sous la vingtième dynastie, mais il fut sans remède : la chambre du sarcophage, où nous pénétrons au sortir de l'antichambre, nous apparaît, dès le seuil, bouleversée de fond en comble. Elle est sur le même plan que celle d'Aménôthès II, oblongue, basse, étroite, divisée par deux rangées de trois piliers chacune en trois nefs de proportions égales. Le sol en a été creusé de

1 mètre 50 environ, vers l'extrémité nord, de manière à former une sorte d'alcôve rectangulaire à laquelle on accède par un escalier de cinq ou six marches entre les deux derniers piliers; quatre cabinets la flanquent, deux à droite, deux à gauche. Cet ensemble représente l'appartement intime du mort, la retraite où il abritait sa dépouille humaine, et que son âme divine habitait ou délaissait selon son caprice pendant les longs loisirs de la vie d'au delà. L'alcôve étant réservée au sarcophage et à la momie, le reste de la pièce centrale contenait le principal du mobilier et du garde-manger funéraires. Les chambres latérales servaient de dépôt au surplus des meubles et des provisions, ou de caveaux pour les princes de la famille morts en bas âge : il y a chance que la petite momie reléguée dans l'une d'elles soit celle d'un prince Amenemhaît, fils de Thoutmôsis IV, et à qui la couronne serait revenue de droit s'il avait vécu. Les objets que l'on consacrait à l'usage du mort, pendant les funérailles, étaient rangés méthodiquement sur des guéridons ou empilés sur le sol nu, le long des murs, ou adossés aux piliers comme ils l'étaient auparavant dans les magasins du palais. La richesse et l'élégance de la plupart d'entre eux offraient à l'origine un contraste saisissant avec l'aspect inculte et désolé des lieux qui les renfermaient. Thoutmôsis IV ayant en effet rejoint ses pères avant que son

hypogée fût achevé, les travaux avaient été sus-
pendus immédiatement. Nulle inscription, nulle
peinture, nulle esquisse, nul enduit même dans la
chambre mortuaire ou dans ses dépendances, et les
derniers ouvriers, en se retirant, avaient négligé
de balayer les ordures qui salissaient le sol : les
étoffes précieuses, les meubles, les armes, les
provisions de bouche, les statues s'y mêlaient avec
les écailles de pierre détachées du plafond et
avec les morceaux d'outils brisés. Les voleurs se
sont emparés uniquement de ce qui avait une valeur
pour eux, l'or, l'argent, les bijoux, la vaisselle
de luxe; ils ont bouleversé le reste et réduit
presque en miettes ce qu'ils n'avaient pas jugé à
propos d'emporter.

Tous ces débris brouillés et confondus forment
une litière si épaisse qu'on ne pourrait s'aventurer
au milieu d'eux sans risquer de les écraser à la
douzaine. M. Carter a donc tracé sur des tréteaux
bas un chemin de planches, qui circule à vingt
centimètres au-dessus et qui aboutit au sarcophage. Celui-ci du moins est intact. De même que
les sarcophages d'Aménôthès II et de Thoutmôsis III, il est en calcaire blanc, mais peint en
rouge sombre pour simuler le grès statuaire : il
est orné à l'extérieur des scènes accoutumées, les
deux yeux mystiques, le roi en adoration devant
les divinités funéraires et les enfants d'Horus. Le
couvercle n'a pas été fracassé à coups de marteau

ni précipité brutalement à terre; on l'a retiré avec précaution au moment du vol, on l'a posé sens dessus dessous devant la cuve, puis on a calé les deux extrémités de deux têtes de génisse en bois peint, pour empêcher que la face polie ne touchât le sol raboteux. Un amas de choses indécises gît à côté, parmi lesquelles on aperçoit vaguement des *statues de double* éclatées et des figures de dieux ou d'animaux en bois de cèdre englué de goudron. Dans un coin, sur une brique en terre crue, une statuette se tient droite, et on y lit une inscription de laquelle il résulte qu'elle était chargée de protéger la momie contre les démons qui hantent les tombes : « si vous l'attaquez, leur dit-elle en substance, c'est moi que vous attaquez et à qui vous aurez affaire. » C'est en exécution des préceptes du Rituel funéraire qu'elle se trouve là, et l'on voudrait aussitôt se mettre en quête des trois autres pareilles qui se cachent sous les décombres. Les fragments de vases en verre de couleur ou en poterie peinte sont répandus partout par centaines, et, sur quelque point que la lumière tombe, un amulette sort de l'ombre, un *Répondant* en porcelaine émaillée, une brassée de feuilles sèches, un chiffon de toile fine, des plats et des fioles d'albâtre, des colliers de perles effilés. Au milieu de ce désordre, une masse noirâtre retient l'œil par son aspect inusité, une caisse de char demeurée saine et sauve on ne sait par quel hasard heureux.

La carcasse en est d'un bois résistant et léger,
tordu savamment, revêtu d'une double garniture
de cuir, décorée de reliefs sur les deux faces : en
avant, le souverain charge les peuples du Nord et
ceux du Midi ; à l'intérieur, ces peuples sont
figurés et catalogués. Le tout a été repoussé, puis
retouché au canif, avec une sûreté de main extraordinaire : le dessin et l'exécution sont aussi par-
faits en leur genre que ceux des tableaux qu'on
admire sur le trophée d'Aménôthès III au musée du
Caire (1). Il semble à première vue que les autres
pièces soient là, le timon, les roues, les harnais
des chevaux, les carquois pour les flèches ou les
javelines, et qu'on parviendra à reconstituer l'ensemble sans trop de peine (2). Si nous y réussissons,
nous posséderons un monument unique en son
genre, le char d'apparat d'un conquérant de la
XVIIIe dynastie, celui sur lequel il rentra dans
Thèbes après ses victoires, celui aussi qui figura
dans son cortège funèbre lorsqu'on transporta sa
momie à la Maison d'Éternité ; comme il s'était
servi de lui ici-bas lorsqu'il s'était rendu au temple
d'Ammon parmi les acclamations de la foule, il
désirait le monter dans l'autre monde afin de

(1) C'est la stèle-trophée décrite dans le *Guide to the Cairo
Museum*, 3e édit., p. 124-125.

(2) Cet espoir a été déçu : les pièces importantes étaient
brisées en tant de morceaux et les morceaux si pourris, que
nous n'avons pu en tirer aucun parti pour reconstituer l'ensemble.

paraître en triomphateur au milieu de ses pères les dieux de l'Occident.

En présence de tant de richesses, on s'émeut, et l'instinct du métier s'éveillant, on souhaiterait relever tous ces débris sans plus tarder, les caresser de ses mains et les scruter l'un après l'autre, en déchiffrer les inscriptions, aborder les problèmes qu'ils soulèvent, mais il faut résister à la tentation. Sitôt que nous serons sortis, M. Carter entamera la besogne, et il ne se reposera plus qu'il n'ait vidé le tombeau : il dessinera ensuite les objets et il nous les expédiera au musée où nous essayerons d'en appareiller les morceaux, puis de les restaurer. Quand nous aurons terminé ce travail, M. Davis, qui a fourni l'argent nécessaire à la fouille, fournira aussi l'argent nécessaire à la publication : je compte bien qu'avant peu tous pourront étudier à leur aise ce que la tombe contenait. Il n'y a donc, pour le moment, qu'à jouir du spectacle prodigieux qui s'offre à nos yeux. La lumière des lampes électriques perce mal cet air poudreux et lourd, et mes compagnons ne m'apparaissent qu'en silhouettes brouillées, du coin reculé où je me suis réfugié. L'horreur de ce tombeau fermé hier encore, et d'où le passage des touristes n'a point banni l'impression de la mort, les a envahis sans qu'ils s'en doutent : ils parlent bas, ils mesurent leurs gestes, ils assourdissent le bruit de leurs pas, ils vont et ils viennent d'une allure contenue, glissant plus qu'ils ne marchent. De temps à autre, ils se baissent pour ramasser un objet, ou ils se groupent auprès d'un pilier et ils demeurent immobiles quelques instants, puis ils reprennent leur ronde silencieuse, ils se croisent, ils se rassemblent, ils se séparent de nouveau ; c'est à peine si, par moments, l'un d'eux esquisse un mouvement dont la brusquerie rompt le rythme de leurs évolutions, ou s'il laisse échapper un appel bref qui sonne comme un coup de clairon par-dessus le murmure discret de leurs voix. Les serviteurs du mort et les prêtres devaient se mouvoir et parler ainsi, le soir des funérailles, lorsque, la momie scellée dans son sarcophage, ils se hâtaient d'accomplir sur le Pharaon les derniers rites qui l'enfermaient dans sa chambre mystérieuse.

XX

CHEZ LE DIEU THOTH
AVEC SCHWEINFURT

Louxor, le 1er février 1905.

Il y a dans la banlieue de Thèbes des ruines ignorées des touristes et qui les attireraient, si elles ne se trouvaient pas dans une région si riche en monuments plus célèbres et mieux conservés. Celles que Schweinfurth a signalées naguère au nord de la vallée des Rois peuvent compter parmi les plus inconnues. C'est, au sommet de la falaise qui domine le village de Gamoléh, un groupe de petits édifices en terre et en pierre brute : chapelle? oracle populaire? rendez-vous de chasseurs? guette ou poste de police? Les fragments d'inscription qu'on y a recueillis sont trop mutilés pour nous l'apprendre : le style semble être celui de l'époque saïte et les placer entre le septième siècle avant notre ère et le sixième. Pourtant, d'autres morceaux sont demeurés là-haut, qui peut-être nous renseigneraient si nous prenions la peine de les rassembler. Il faut en avoir le cœur net, et, puisque Schweinfurth consent à me servir de guide, tenter l'aventure avec lui. Nous voilà donc en route le 30 janvier, dans les bancs de sable qui séparent le grand bras du Nil de la berge occidentale; à travers le hameau d'Eyoub-Bey, que les foyers du matin enfument encore; au galop, sur la digue du Fadiliéh, côte à côte avec un train de cannes à sucre, parmi des troupeaux de moutons qui s'en vont poudroyant au marché; dans la plaine riante et fraîche, où les alouettes chantent à gosier plein, ivres du parfum des fèves nouvelles; par le temple de Gournah, par la dune basse à laquelle il s'appuie, par les bas-fonds de l'Ouadiên, comme si nous piquions vers la vallée des Rois. Mais là, au lieu d'enfiler le chemin battu des visiteurs, nous inclinons sur la droite et nous gagnons au Nord par une sente de gravier et de pierres vives. Carrières à gauche, avec le nom d'Apriès parmi les rochers, silhouettes de huttes antiques estompées en gris sale sur le jaune du désert, sillons creusés dans le sable et laisses de cailloux oubliées là par les eaux d'antan, dos de roches désagrégées, des blocs roulés, des fondrières, tous les accidents qui révèlent le travail des torrents. Un premier escarpement nous tire de ce chaos, puis une terrasse en pente à peu près douce nous conduit au pied de la falaise. Nous démontons à regret, et nous garons nos ânes à l'ombre d'un rocher où nous les reprendrons à la descente.

Le sentier a été tracé, Dieu sait à quelle époque reculée, par la foulée des rares fidèles qui visitaient le dieu à de longs intervalles. Il suit une arête mince entre deux pentes abruptes, mais il n'est ni dangereux ni même difficile; deux ou trois fois seulement, il se raidit brusquement l'espace d'une vingtaine de mètres au plus, et il nous invite à un semblant d'escalade. S'il n'a donc rien qui puisse lui mériter l'attention des membres d'un club alpin, en revanche, il est plein d'intérêt pour les géologues. L'épiderme de la montagne, entamé par les ardeurs continues du soleil, s'est exfolié, abandonnant à nu par place des quantités de fossiles, entre autres d'énormes lucines d'une conservation admirable et des *cardium* de l'espèce à laquelle Schweinfurth a prêté son nom. Des rognons de silex sont associés aux fossiles, et, parmi eux, des silex taillés du type le plus primitif, des coups de poing, des pointes à main, des couteaux, des grattoirs, dont beaucoup sont intacts comme s'ils sortaient de l'atelier du fabricant, tandis que plusieurs ont été utilisés et retravaillés à diverses époques. Longtemps avant que notre

Égypte naquît, des êtres vivaient là que Schweinfurth ose à peine appeler des hommes. La pierre
leur fournissait bien juste de quoi racheter l'infériorité à laquelle la nature les avait condamnés par
rapport aux grands animaux. Le coup de poing
suppléait quelque peu à la faiblesse de leurs bras
pendant le corps à corps avec l'ennemi. Ils usaient
ou ils fendaient de leurs grattoirs et de leurs couteaux la peau des bêtes, que la fragilité de leurs
ongles et de leurs dents ne leur permettait pas
de déchirer. Leurs lieux d'habitation nous sont
inconnus, et leurs cimetières, s'ils en avaient, se
dérobent encore à nos recherches : leur outillage
de silex se rencontre partout, et nous est, après
des âges d'oubli, le garant le plus sûr de leur existence. Schweinfurth me conte cette histoire à
mesure que nous nous élevons, et je ne me las-
serais point de l'interroger ni de l'entendre, mais,
lorsque l'on n'a pas l'expérience des ascensions,
on se figure malaisément combien il faut être
jeune pour causer science et pour grimper tout
ensemble; à cinquante ans largement sonnés, on
n'a bientôt plus d'haleine que pour un seul de ces
plaisirs à la fois, et le premier raidillon coupe
court aux conversations les plus engageantes. Dix
minutes de silence haletant et nous voilà au terme
du voyage, en face des ruines que je me propose
d'interroger.

Sur un radier de pierres brutes empilées à vif

sans mortier ni lien d'aucune sorte, deux massifs en briques sèches se dressent, écornés, étêtés, écorchés, rongés par le vent du désert ; entre les deux, où la porte s'ouvrait jadis et un peu en arrière, une courte perspective de murs bas et minces se déploie sur un amas de décombres. L'enceinte extérieure décrit un rectangle de vingt mètres de côté sur dix-huit, posé d'aplomb à la pointe du plateau. Elle s'est écroulée çà et là, moins par l'action des hommes que par celle du temps, et ce qui en subsiste ne dépasse guère trois mètres au plus haut. Le réduit central, également en briques, est isolé de toutes parts. Il se divisait en quatre compartiments, une manière de vestibule qui en occupait la largeur, et trois chambres ou plutôt trois niches contiguës, qui n'ont d'issue que sur le vestibule. Le plan ne laisse subsister aucun doute sur la signification de l'ensemble : c'est le même qu'on remarque à Déir-el-Médinéh, par exemple, et qui est propre à la plupart des temples secondaires dès l'époque memphite. Le dieu résidait dans celle des niches qui tient le milieu, et il concédait l'usage des autres aux deux divinités qui lui étaient associées. Il était, à vrai dire, un pauvre dieu, sans prétentions au luxe, ni même aux commodités les plus ordinaires de la vie. Les parois de sa maison étaient blanchies à la chaux, comme celles d'une maison de fellah, et l'on n'y voyait point d'images ni d'écritures. Il est donc à

craindre que nous ignorions toujours qui il était.
Pourtant, la baie de l'une des portes avait été
encadrée de montants en calcaire, et les pièces
qu'on en aperçoit éparses au milieu des briques
nous dédommageront peut-être du silence des
murailles. Je mets au travail parmi les décombres
les quatre ouvriers que j'ai amenés avec moi, et
les laissant sous la surveillance de l'inspecteur de
Gournah, je pars en quête sur le plateau. A une
quarantaine de mètres vers le Nord-Ouest, des
fondations en briques crues désignent l'emplacement d'une construction détruite aujourd'hui. La
disposition des arasements montre qu'il ne s'agit
plus d'une chapelle mais d'une maison ou d'un
simple entrepôt. Deux ou trois Européens n'y
auraient pas leurs coudées franches, mais elle
abriterait aisément une dizaine d'indigènes.
Les gardiens du dieu s'y entassaient avec leur
famille, et une fosse oblongue, creusée près de
là, est peut-être la citerne où ils emmagasinaient
l'eau qu'on leur montait de la plaine, pour les
besoins de la vie domestique et pour les cérémonies religieuses.

A partir de la citerne, le plateau s'en va décli-
nant à l'Ouest et au Nord, doucement d'abord, puis
avec un mouvement de plus en plus accéléré. Il est
jonché de silex bruts, parmi lesquels on distingue
des silex taillés du même genre que ceux de
l'autre versant, mais en quantité fort petite. Il est

demeuré inhabité depuis les débuts de l'histoire. Les desservants du temple s'y installèrent parfois, tant que le culte dura; maintenant, c'est à peine si quelques chasseurs ou quelques contrebandiers s'y risquent à de très longs intervalles. La pente, après avoir hésité un instant sur la direction à suivre, oblique soudain vers l'Est, et, bute bientôt contre le flanc de la falaise voisine. Là, par l'angle de rencontre, un coin de vallée apparaît à l'impro-viste, une traînée de verdure, un bout de fleuve luisant au soleil, un village, un morceau du désert arabique, un pan de montagne tout rose sur les ors liquides de l'horizon. Il semble qu'on n'ait qu'à s'abandonner mollement pour redescendre à la plaine, mais, comme je m'avance, Schweinfurth me retient par le bras. Je suis, sans m'en douter, sur le bord d'un abîme; le sol se dérobe presque sous mes pieds et, d'ici en bas, c'est une chute à pic de cent mètres au moins. Deux ou trois fois l'an une tempête violente verse les cataractes du ciel sur le plateau. Les eaux, dévalant par nappes furieuses, sautent d'un bond dans le vide : une heure durant, ou deux, une cascade écumeuse et trouble s'abat sur les ressauts inférieurs de la montagne, en rejaillit à grand fracas, et se perd dans la moraine avant d'atteindre la lisière des terres cultivées. Elle s'appauvrit sitôt que l'averse cesse et elle se réduit à un mince filet d'eau qui lui-même se tarit promptement. Deux ou trois jours encore, un peu d'humidité persiste à la surface, et des touffes de verdure s'épanouissent au hasard, mais elles se dessèchent bientôt et les dernières traces de l'orage s'effacent avec elles. En ce moment de l'année où nous sommes, on ne rencontre ici que la végétation habituelle au désert, des paquets clairsemés de plantes roussâtres à la tige ligneuse, au chevelu cassant. Des coléoptères agiles s'en échappent dès qu'on approche. D'espace en espace, un gros lézard fauve, que l'approche de nos pas inquiète, lève sa tête aiguë et fuit à toute la vitesse de ses quatre pattes en faisant crouler le gravier. Vers le milieu de la côte, deux papillons, venus de la plaine on ne sait pourquoi, flottent une minute autour de nous, et une corneille en maraude s'échappe, avec un cri bref, du creux où elle se dissimulait. Le silence est si profond que nous entendons le bruit de ses ailes s'éloigner et s'assourdir longtemps après qu'elle a disparu sur l'autre penchant.

La fouille n'a pas produit ce que nous attendions d'elle, mais elle n'est pas demeurée infructueuse, et l'inspecteur étale devant nous avec un sourire satisfait une soixantaine de fragments en calcaire chargés de caractères ou de figures. La plupart semblent appartenir à l'une des portes et ne nous apprennent rien qui vaille, mais d'autres présentent des dispositions significatives. Il y avait là deux tabernacles au moins, deux naos de dimen-

sions diverses, dont les montants étaient décorés
ainsi que les faces extérieures. On reconnaît sur
un des morceaux un bout de Roi qui tend les mains
en prière vers une divinité absente, et sur un autre
la silhouette ébréchée du disque ailé qui décorait
la corniche. Je copie un peu plus loin quelques mots
d'un hymne insignifiant et ce qui subsiste d'un
protocole royal. Les deux cartouches sont mutilés,
mais le signe final du second est lisible encore :
c'est celui qui termine le nom de Néchao, le fils de
Psammétique Ier, le plus puissant des souverains
saites. Les conclusions que j'avais tirées des menus
débris rapportés par Schweinfurth semblent donc
se confirmer et se préciser : le temple a été bâti ou
réparé dans les dernières années du septième siècle
avant Jésus-Christ ou dans les premières années du
sixième (1), mais qui était le Dieu? Le voici lui-
même, ou plutôt voici les pièces de deux de ses
statues, des pieds, des mains, une cuisse, des portions de membres plus décisives encore : c'était le
maître de la magie et des lettres, le dieu scribe et
enchanteur des dieux, Thot, sous les espèces d'un
cynocéphale accroupi béatement, la tête droite, les
mains aux genoux. Autant qu'on en peut juger par

(1) M. Sethe reporte la construction du temple à la
XIIe dynastie, et il pense que le roi était Amenemhaît IV ;
M. Petrie, d'autre part, l'attribue au roi Sankharâ Montouhotpou
de la XIe dynastie. Les ressemblances de style sont parfois si
grandes entre les monuments du premier âge thébain et ceux de
l'époque saite qu'on peut s'y tromper aisément.

les mains, la plus grande des statues ne dépassait pas soixante centimètres de haut; l'autre aurait été moindre d'un quart. Elles étaient érigées, comme de coutume, sur un piédestal rectangulaire, taillé en biseau à l'avant et muni d'un escalier qui aboutissait aux pieds de l'idole. Les épaves du mobilier sacré ressortent parmi ces reliques, un couvercle de vase en albâtre, des jarres en poterie rouge et grise, des tessons de plats et d'écuelles en terre noirâtre, même le corps d'un de ces éperviers en bois peint qui surmontaient les coffrets à huiles et à parfums. Le nom d'un certain Kamôsis est griffonné en grosse cursive sur un éclat de calcaire : c'est un souvenir de quelque pèlerin venu pour consulter l'oracle. Une inscription en une écriture indéchiffrable remplit un coin d'un bloc jaunâtre qui gît en avant de la porte. Je donne ordre qu'on la détache et qu'on l'expédie au Caire : peut-être un savant de passage réussira-t-il à la lire et à nous informer de ce qu'elle contient.

Je crois bien qu'à force de gratter et de remuer les briques, nous découvririons des documents de plus; ils ajouteraient peu sans doute à ceux que nous avons réunis. Le temple était trop à l'écart des routes battues pour attirer beaucoup les dévôts. Il ne dut être fréquenté que par des habitants des villages voisins, et j'incline à penser qu'il n'eut jamais de clergé résidant : le prêtre y montait la veille des fêtes afin d'y célébrer le sacrifice, et il était confié le reste du temps aux soins de deux ou trois sacristains. Le jour baisse, la descente est rude pour un homme qui s'essouffle vite, la route est longue, j'arrête la fouille, et avant de me congédier, je m'attarde un moment à l'entrée de l'enceinte pour jouir du spectacle qui se déploie sous nos yeux. Au sud, la falaise thébaine allonge ses terrasses soutenues par des murailles de rocs dont le pied plonge dans des talus d'éboulis. Elle se découpe en vallées capricieuses, et la dernière, celle que domine une cime pyramidale, est la Vallée des Rois : deux ou trois taches carrées qui s'accusent en noir sur la pâleur chaude de l'ensemble marquent l'entrée des tombeaux ; la ligne de points sombres qui se déplace au-dessus, presque sur la crête, est une caravane de touristes en route pour Déir-el-Bahari. Devant nous, l'Égypte déroule à perte de vue ses champs d'un vert pâle, son Nil onduleux, ses villages couronnés des fumées du soir, et les trois pics thébains marbrés de lilas et de rose se retirent par échelons vers le Sud ; d'autres sommets plus reculés luisent entre eux et vont se défilant l'un derrière l'autre. C'est le paysage accoutumé, avec son charme de richesse et de douceur mélancolique, mais ce qui lui prête aujourd'hui un caractère étrange, c'est le ciel de Hollande qui plane au-dessus de lui. D'immenses nuages blancs, doublés de noir et d'écarlate, y traînent lourdement et promènent sur le sol des ombres pesantes. Une grande brise qui s'est levée du nord balaie la pente de son souffle puissant et nous apporte d'en bas une vague senteur d'herbages et de terre chauffée.

XXI

UN PHARAON NOUVEAU ?

Erment, le 12 janvier 1906.

Les Pharaons sont inépuisables : on a beau
les enregistrer à la douzaine, il s'en présente toujours de nouveaux. Ce n'est point pour nous sur-
prendre lorsqu'il s'agit des premières dynasties,
et des années passeront avant que nous possédions la liste complète de ceux qui régnèrent sur
l'Égypte naissante ; mais comment ne pas s'étonner
si le nouveau-venu appartient à des époques moins
reculées, à celles par exemple dont nous lisons
l'histoire chez les écrivains de la Grèce ou de
Rome, et que nous nous imaginons connaître
suffisamment ? Voici pourtant un prince au nom
classique, un Psammétique fils de Nêith, qui

15

ressuscite au Saïd parmi les ruines d'Asfoun et qui réclame inopinément une place au soleil.

Asfoun est invisible du Nil, si fort elle est masquée par l'usine à sucre de Matâanah et par les avenues de lébakhs qui garnissent la berge. Les maisons des employés indigènes ou européens, la poste, les hangars, les bâtiments et les cheminées de la fabrique forment le long du fleuve une devanture proprette derrière laquelle un tout petit hameau arabe se dissimule de son mieux ; c'est pendant deux minutes au moins le décor banal de la vie égyptienne, une douzaine de masures en briques sèches, des murs de cours en torchis, des tas d'ordures et de tessons, un carrefour indécis où les poules picorent et les enfants jouent, puis au delà, brusquement, dans une échappée de verdure, un coin de paysage presque français, un peu de gazon, un bout de pré, des champs moissonnés la veille mais hérissés encore de leurs chaumes, des bouquets de sonts et de lébakhs reliés par des rideaux d'arbustes épineux, et, sous les ramures, un ruisseau qui coule à pleins bords comme à la lisière d'un de nos bois. Il chemine prestement sur la gauche avec ce doux bruit d'eau courante si rare en ce pays et qui manque tant à nos oreilles ; il fonce à travers les taillis, il reparaît, il replonge dans l'ombre, et toujours on l'entend qui rit et bavarde au galop, enflant la voix s'il rencontre un obstacle, ou s'assourdissant jusqu'à n'être plus

qu'un murmure étouffé. Il ne faut pas le regarder
trop curieusement ni lui demander d'où il vient : on
s'apercevrait qu'il a un lit de ciment et qu'il prend
sa source dans les cylindres de la pompe à vapeur
qui souffle là-bas. C'est une rigole d'irrigation qui
se donne des airs de nymphe capricieuse pour se
consoler d'arroser prosaïquement les cultures,
mais qui s'emplit et qui se vide à heure fixe,
selon le bon plaisir d'un mécanicien. L'impression
d'Europe persiste quelques cent mètres à peine ; la
rigole franchie, les fourrés s'éclaircissent et la
campagne reprend son aspect d'Afrique. La route
ou plutôt la voie de chemin de fer qui sert de route
circule d'abord entre des champs de canne ou de
coton qu'on achève de dépouiller, puis entre des
carrés de blé où les tiges foisonnent drues et
fortes. Une file souvent interrompue d'acacias et
de tamarisques s'aligne sur le talus d'un canal, et
par-dessus leurs cimes, une croupe de montagne
s'allonge noire et jaune à l'horizon.

Asfoun est peut-être le village le plus sale que
j'aie visité dans la Haute-Égypte. Il est perché
au hasard, de l'autre côté du canal, sur une butte
de décombres que les chercheurs de sébakh ont
ravinée en tous sens. Un cimetière en désordre en
attriste les abords : les tombes, indiquées rude-
ment par des tas de pierres ou par des massifs de
briques défoncés, se pressent autour de trois ou
quatre koubbéhs à moitié démolies et voisinent

familièrement avec les premières maisons des vivants. Ruelles anguleuses et noires, murs en terre usés par le frôlement des passants, masures d'un étage à la porte renfrognée et sans fenêtres extérieures, des fumiers infects dans tous les angles, des coulées de purin et des bourbes où nos baudets enfoncent presque à mi-jambe; la misère serait ici à son comble si la malpropreté permettait de la préjuger à coup sûr, mais il ne semble pas que la population soit des plus pauvres. Les dindons abondent, les poulets, les pigeons; des chèvres vaguent en quête de pailles égarées, quelques buffles ruminent confortablement en travers du chemin, et une bande d'oies troublée dans sa promenade par notre approche s'égaille devant nous en poussant des cris aigus. Au bruit, les enfants sortent de tous les coins, mais ils n'ont pas été gâtés par le contact des touristes et ils se bornent à nous regarder d'un œil étonné sans nous crier le bakhchiche.

L'endroit où le roi nouveau nous attend est situé à peu près vers le milieu du village, dans une petite place irrégulière, couchée en pente sur le versant septentrional du monticule. La mosquée principale en occupe l'angle sud-est. Les murs ont été réparés depuis peu et ils ne gardent plus rien de leur décoration primitive, si jamais ils furent décorés, mais le minaret a bon air malgré les retouches qu'il a subies. Sur une tour rectangulaire qu'arrête une corniche de vieux style égyptien, un cylindre se lève surmonté d'une lanterne polygonale et de sa coupole, le tout construit en mauvaises briques et renforcé à intervalles inégaux de poutres en bois transversales qui lient la maçonnerie et la régularisent. Un vieillard, à qui je demande s'il y a là quelque inscription commémorative, se rappelle y avoir vu, quand il était jeune, une plaque de marbre encastrée au-dessus de la porte et chargée de caractères coufiques fort usés. Peut-être y lisait-on le nom du fondateur et la date de la construction, mais elle tomba pendant les réparations dernières, et il ignore l'endroit où elle se trouve : il a mieux à faire qu'à s'inquiéter de ce que les pierres écrites deviennent. En face du minaret, vers le fond de la place, les reliques d'un temple gisent éparses sur le sol, deux assises en grès terne, hautes d'un mètre environ. Elles courent d'Est en Ouest la longueur de quatre mètres et les deux extrémités en sont détruites, mais les parements des portions subsistantes sont bien conservés. On y voit le bas de deux tableaux opposés symétriquement dos à dos et qui contenaient un roi en adoration devant un dieu assis, derrière lequel une déesse se tient debout. Les têtes sont perdues ainsi que les inscriptions qui les entouraient, mais une ligne d'hiéroglyphes, gravée horizontalement au ras de terre, nous apprend que le roi Psammétique fils de Néith,

Manakhpré, a construit ce temple en pierre blanche, bonne et solide, pour l'éternité.

L'examen a bien duré dix minutes et la place était vide ou peu s'en faut lorsqu'il commença, mais la nouvelle de notre arrivée s'est répandue dans le village et la moitié de la population est accourue sans bruit afin de surveiller nos opérations. Il y a bien là deux cents hommes et femmes de tout âge, accroupis ou debout autour de nous, sur trois ou quatre rangs, silencieux et attentifs à nos moindres mouvements. Des idées de trésors leur trottent par la tête et ils croient fermement que le lieu où nous avons fouillé est une terre enchantée, *ard marsoud* : s'il me plaisait prononcer les mots souverains, les blocs se changeraient en lingots d'or, ou les plaques du dallage en se fendant leur révéleraient des monceaux de diamants et de rubis. Ils nous riraient au nez si nous leur expliquions que nous nous sommes dérangés uniquement afin d'éclaircir un point d'histoire. Les pierres appartenaient pourtant au mur de fond d'une chapelle analogue à celles que les prêtresses d'Amon édifièrent à Thèbes; si les parois latérales existent encore, nous devrons les chercher dans la direction du sud vers le milieu de la place. Il est probable que la mosquée a été bâtie par-dessus les ruines du temple principal; quand nous y pratiquerons des sondages, sans doute y recueillerons-nous de quoi nous renseigner sur le fondateur de la chapelle. Aucun des trois Psammétiques de la XXVIe Dynastie n'accolait à son nom de famille le prénom royal, Manakhprê, de Thoutmôsis III. Nous aurions donc ici un quatrième Psammétique, celui-là peut-être qui vivait en l'an 400 avant Jésus-Christ et qui profita de la révolte du jeune Cyrus pour se rendre indépendant des Perses, mais bien des détails dans la technique des sculptures et de l'inscription nous interdisent d'accepter cette interprétation. Et d'abord le style n'est pas celui des écoles saïtes. La taille des hiéroglyphes est gauche, le contour des figures est raide, le relief manque de délicatesse : à en étudier le détail on y reconnaît tous les caractères de l'âge ptolémaïque et des derniers plutôt que des premiers Ptolémées. Nous aurions donc déterré ici un de ces Pharaons éphémères qui surgirent sur plusieurs points de la Thébaïde en des temps de troubles, et qui tentèrent d'opposer une dynastie indigène à la domination de l'étranger.

On est libre de l'imaginer, mais la rédaction du protocole royal me suggère une hypothèse bien différente. Notre personnage ne s'appelle point Psammatikou-si-Nêith, — Psammétique fils de Nêith, — comme je l'ai admis jusqu'à présent : par la place qu'il détient comme par le titre qui le précède, Psammatikou-si-Nêith est un prénom et Manakhprê le nom véritable. Or si Manakhprê, le prénom de Thoutmôsis III, a pu devenir le nom d'un grand-prêtre de la XXI⁰ dynastie sans que cela choquât les habitudes égyptiennes, Psammatikou, nom d'origine libyenne que portèrent plusieurs membres de la XXVI⁰ dynastie, n'a rien de ce qu'il convient pour servir régulièrement de prénom : un Pharaon au prénom de Psammétique est un monstre et sa présence dans des inscriptions suffit seule à nous les rendre suspectes. Pour le trancher net, je dirai qu'il n'a jamais existé, mais qu'il a été inventé de toutes pièces par un scribe ignorant. Lorsque les Ptolémées restauraient les monuments antiques, ils s'efforçaient souvent de les rétablir tels qu'ils étaient à l'origine : ils refaisaient les tableaux primitifs au nom des rois du passé, et telle partie des temples thébains, sur laquelle on lit les légendes de Thoutmôsis ou d'Aménôthés III, date en réalité du deuxième ou du premier siècle avant Jésus-Christ (1). Les prêtres qui rebâtirent la chapelle d'Asfoun avaient rencontré parmi les scènes qui décoraient les vieux murs quelques mentions d'un Psammétique et d'un Manakhprê, plus probablement le Manakhprê de la XXI⁰ dynastie, et cela dans des conditions telles que les deux cartouches leur parurent appartenir au même souverain. Ils les unirent sans scrupule et de deux personnages séparés par le temps ils firent un personnage unique auquel ils attribuè-

---

(1) Ceci s'applique, entre autres, au temple de Phtah thébain qui est décrit p. 135-146 du présent volume.

rent la fondation de l'édifice. S'ils avaient été assez habiles pour classer les noms selon les règles usuelles et pour fabriquer un Manakhpré Psammétique au lieu d'un Psammétique Manakhprê, nous n'aurions eu aucun moyen de discerner leur erreur, et nous aurions introduit un Pharaon imaginaire dans la liste des authentiques : leur maladresse nous a donné l'éveil, et nous lui devons d'avoir pu reléguer le roi d'Asfoun parmi ces ombres de souverains que l'imagination des scribes égyptiens avait tirées du néant, et que la crédulité des écrivains grecs a maintenues longtemps dans l'histoire.

XXII

ESNÉH

Esnéh est par excellence la ville du vent, et le vent, de quelque côté qu'il se déchaîne, y souffle toujours en tempête. La brise du nord qui fondit sur nous ce matin par le travers d'Asfoun, a fraîchi si fort vers les neuf heures, que la navigation en est devenue presque impossible. Le Nil s'est démonté en quelques instants et il s'est couvert de grosses lames qui nous secouent de la façon la plus désagréable ; la dahabiéh se couche sur le flanc avec tant de persistance que nous nous demandons parfois si elle va se relever. Un nuage de poussière nous enveloppe et nous ne marchons qu'à l'aveugle, dans la crainte perpétuelle d'un abordage. Coup sur coup un voilier chargé de foin nous prend en écharpe par la gauche, et à peine l'avons-nous évité qu'un grand steamer de Cook arrive sur notre droite : dix mètres seulement de plus, il nous éperonnait par le milieu et il nous coulait bas. Il serait prudent d'accoster, mais la rive est abrupte, armée d'épis en pierre et d'enrochements, presque invisible sous la tourmente ; le réis craint d'y être drossé pendant la manœuvre et de s'y briser. Vers onze heures pourtant, le ciel s'éclaircit et la silhouette d'une ville s'estompe vaguement devant nous. Une avancée de jardins, une ligne de maisons irrégulière, un minaret grêle qui semble plier sous la bourrasque, un mât d'agent consulaire où un drapeau italien se tord et flappe désespérément, Esnéh tourne à son fleuve une façade rébarbative et d'accès difficile ; le réis avise pourtant, non loin d'un mur antique, une sorte d'anse à peu près sûre, et il nous y jette résolument. Au moment de toucher, une dernière rafale nous saisit et nous heurte à la terre ; toute la membrure crie et joue comme si elle se déchirait.

L'Esnéh moderne couronne une butte haute par endroits de vingt-cinq à trente mètres, formée des débris des villes qui se sont succédé sur le site depuis les origines de l'histoire. Le Nil la contourna longtemps sans l'entamer, mais vers 1820 il y pratiqua la brèche, probablement après une prise de sébakh imprudente, et il la fendit dans sa longueur du sud-est au nord-ouest : une bande d'hôtels mamelouks et de jardins tomba à l'eau, et le reste de la cité risquait d'être emporté prochainement, si le bey qui commandait alors pour Méhémet Ali n'était pas intervenu avec une promptitude inusitée. Il faut beaucoup de pierre pour contenir une berge qui s'écroule, et il lui en aurait coûté gros, si Dieu, qui pourvoit aux besoins de ses fidèles, n'eût jadis inspiré aux païens l'idée de bâtir des temples énormes en grès ou en granit. Chaque localité pharaonique en possède quelques-uns, qui sont des carrières instituées par la Providence au profit des administrateurs intelligents, et Esnéh n'était pas moins bien partagée que ses rivales : elle en avait trois de taille raisonnable, l'un au milieu de ses maisons et presque sous elles, puis deux à courte distance, le premier au nord-ouest, en pleine campagne, l'autre à l'est, par delà le fleuve, près le bourg de Helléh. Celui de la ville eût été préférable, et l'on eût évité bien des frais de transport si l'on eût pu l'utiliser, mais le ministre de l'Intérieur en avait accaparé les chambres, et il les avait aménagées en *chounéhs,* en magasins pour l'impôt en nature de toute la province : le pacha se serait mis en colère si on lui avait démoli une ruine qui avait encore son usage, et l'on se contenta de ceux de la banlieue. Ce fut de l'ouvrage exécuté diligemment, car on ne voit plus aujourd'hui bloc sur bloc aux lieux où ils s'élevaient. On construisit avec les morceaux deux éperons et un mur d'appui, qui depuis quatre-vingts ans et plus bravent sans fléchir les assauts de la houle. Un chemin capricieux serpente sur la crête ; agences consulaires, postes et télégraphe, mosquée, tribunal, mamouriéh, tous les bâtiments officiels, neufs ou remis à neuf, s'échelonnent le front au fleuve et masquent aux étrangers la ville populaire.

Celle-ci a peu subi l'influence des mœurs européennes. Passé la devanture, on n'y rencontre plus que des maisons d'ancien style, en brique grise ou vaguement teintée de blanc, disposées sans symétrie sur les côtés de ruelles malodorantes, à la fois pittoresques et sordides, parsemées de guenilles et d'ordures ménagères. Les teintureries sont à deux pas du Nil, autour d'un carrefour oblong, et le fumet écœurant de l'indigo mouillé les signale au loin ; des flaques d'eau bleue y croupissent, et sur des cordes tendues en travers de la chaussée, les larges pièces d'étoffe s'égouttent au vent et à la poussière. Les bouchers succèdent aux teinturiers, puis un peuple d'épiciers, de drapiers, de chaudronniers, d'orfèvres. Les marchands causent indolemment d'échoppe en échoppe, sans souci du client ; tandis qu'à Siout, à Kénéh, à Louxor, dans les villes où le commerce est intense, on arrête l'Européen et on se le dispute, ici, c'est à peine si l'on répond à ses questions et si on lui montre les objets qu'il désire acquérir. Nous sommes arrivés juste le jour du marché, la grande place grouille de vendeurs et d'acheteurs, car tous les fellahs du canton sont accourus comme à l'ordinaire ; l'occasion nous est unique d'apprendre ce que le pays produit. L'étalage est des plus pauvres, quelques légumes misérables, choux montés en graine, salades rugueuses, fèves, raves rabougries, çà et là des cannes à sucre, un peu de laine, un peu de corde, une demi-douzaine de buffles, des chameaux, des ânes pelés. Dans un coin pourtant, deux ou trois femmes ont étalé des paniers et des plateaux multicolores, de ceux que les courtiers offrent aux touristes des bateaux Cook et que ceux-ci payent très cher. Les formes sont anciennes, le choix des couleurs et le dessin des ornements remontent à l'époque pharaonique, mais les procédés de fabrication ont dégénéré de manière fâcheuse au cours des siècles, et ce n'est plus la finesse et la légèreté des paniers qu'on recueille dans les tombes, ce n'est pas non plus la tonalité chaude et vive des vanneries soudanaises. Le trafic bat son plein comme nous passons et l'on bataille ferme sur les prix d'un bout à l'autre de la place. Il ne s'agit le plus souvent que de différences d'un ou de deux centimes, mais le temps ne coûte rien et l'on s'égosille pendant des quarts d'heure avant de s'accorder. L'un jure qu'il ne peut plus rien rabattre, l'autre s'entête dans ses offres inférieures ; les *wallahi el âzîm* (1) se croisent, et comme la

(1) **Wallahi-el-âzîm**, par Dieu le grand ; c'est le juron le plus

moitié de la population d'Esnéh est chrétienne, les remarques désobligeantes sur la religion des parties ne font pas défaut. Dans un pays moins tolérant, les coups suivraient promptement les aménités théologiques et le sang coulerait; ici, musulmans et coptes, tout le monde est patient, et l'on s'en tient aux paroles.

Au-delà du marché, entre deux rangs de maisons branlantes, le bazar s'encadre délabré, sale, et à mesure qu'on s'y enfonce des femmes sans voile, drapées d'oripeaux barbares, se mêlent à la foule. Lorsqu'il y a un demi-siècle Abbas pacha exila les almées du Caire, il les relégua les unes à Kénéh, d'autres à Esnéh; elles s'y établirent en colonies et leurs petites filles y continuent bravement le métier maternel. Les plus vieilles gardent encore un certain raffinement de manières et de langage qui sent sa capitale; mais les autres ont perdu cette tradition d'élégance au contact de leur clien- tèle provinciale, et elles ne sont plus que des *ghawazis* de bas étage, impudentes et malsaines, sans rien des grâces bizarres qui rachetaient un peu l'ignominie de leurs grand'mères. Un mouve- ment à droite pour éviter leurs provocations, et

fréquemment employé par les gens du peuple dans leurs mar- chandages et dans leurs disputes. Cette prise à témoin de Dieu n'engage d'ailleurs à rien, et le plus souvent elle annonce quelque déclaration exagérée ou fausse, qu'on a la prétention de faire accepter pour vraie par le prochain.

nous plongeons dans un labyrinthe de ruelles
sombres, d'impasses, de carrefours dont les détours
lents nous amènent à l'improviste en face d'un
mur de pierre historié d'hiéroglyphes et surmonté
d'une haute moulure cylindrique. Le temple où
les antiques habitants d'Esnèh adoraient une
Hathor en figure de poisson est enfoui entièrement, et seul le pronaos en est accessible aux
visiteurs. On y descend par un escalier en briques
de construction récente. Le plan ne diffère pas de
celui qu'on voit à Edfou, à Dendérah, dans tous
les grands édifices de l'âge ptolémaïque. Quatre
rangées d'énormes colonnes supportent le toit;
vers l'est un écran de grès tendu entre les colonnes
de la première rangée séparait le portique de la
cour, et vers l'ouest la façade du sanctuaire
s'allonge, percée de ses trois portes. Les lignes
sont harmonieuses et puissantes à la fois : on sent
que les architectes de l'âge romain connaissaient
encore leur métier aussi bien que ceux des époques
pharaoniques. Les sculpteurs leur étaient inférieurs de beaucoup. Le modelé des bas-reliefs est
flou, l'agencement des scènes rituelles est d'un
praticien maladroit plutôt que d'un artiste, les
hiéroglyphes ont une silhouette gauche et ils
s'accumulent en désordre : c'est le style des Antonins et des Sévères dans toute sa laideur, et pourtant, malgré ces imperfections de détail, l'ensemble
a une allure magistrale et l'impression religieuse

y est aussi forte que dans les temples thébains.
Les touristes l'envahissent deux ou trois fois la
semaine ; pendant quelques minutes ses échos
s'éveillent à leurs conversations ou à leurs
rires comme jadis aux chants du sacerdoce, puis ils
remontent aux voûtes du plafond et ils s'y rendor-
ment jusqu'à la visite prochaine. C'est à peine s'ils
répondent sourdement au bruit de nos pas, mais
un ménage de moineaux, que notre présence hors
saison déconcerte, volète du mur du fond à l'archi-
trave, pépiant et piaillant d'inquiétude. Un pigeon,
posé sur l'un des chapiteaux, nous regarde curieusement en allongeant le cou : un peu de la paix
des vieux dieux semble s'attarder dans la salle et
flotter encore autour de nous.

Les décombres et la terre, qui pressent contre
les murs, les poussent lentement mais irrésisti-
blement ; ils les renverseront si nous ne les déga-
geons pas bientôt. Nous avons exproprié quelques-
unes des masures voisines, mais la principale
d'entre elles, une okelle à moitié ruinée, nous
résiste encore : c'est un bien *wakf*, et l'on ne se
débarrasse des *wakfs* que par des négociations
interminables. Nous viendrons pourtant à bout de
celui-là, et dans deux ou trois ans, le pronaos sera
déblayé ; mais qu'en sera-t-il du reste du temple ? Et
d'abord, qu'en subsiste-t-il aujourd'hui ? Lorsque,
tournant le dos aux portions visibles, on marche
vers l'ouest à travers la ville, on remarque bientôt

que le sol, après s'être maintenu à un niveau sensiblement le même l'espace de cent ou cent vingt mètres, s'affaisse brusquement et descend presque au ras de la campagne voisine. C'est comme un plan de temple que ces mouvements de terrain dessinent sous l'écheveau des rues ; il est très probable qu'en supprimant les maisons et en creusant sous elles, on ne tarderait pas à rencontrer les salles hypostyles, puis le sanctuaire, sinon intacts, du moins conservés à demi comme c'est le cas à Kom-Ombo. C'est affaire d'argent, et l'opération réussira sans trop de peine si elle est menée lestement, avec des ressources qui nous permettent de désintéresser d'un seul coup tous les propriétaires. Lorsqu'elle sera terminée, l'aspect du monument sera des plus curieux. Figurez-vous une manière de vaste amphithéâtre dont le pourtour sera garni de maisons, et, dans le milieu, un temple avec ses colonnades, ses chambres, son saint-des-saints, ses murs d'enceinte ; peut-être en était-il déjà ainsi sous les Césars, au temps où l'édifice fut restauré et reçut sa forme présente. Hérodote raconte quelque part qu'à Bubaste, le sanctuaire de la déesse chatte était en contre-bas de la cité ; les maisons qui l'entouraient surplombaient ses terrasses, et de leurs fenêtres le regard plongeait dans ses cours (1). Les mêmes nécessités avaient produit sans doute les

______

(1) Hérodote II, cxxxviii.

mêmes effets à Esnéh. Tandis que le logis du dieu demeurait enchaîné au niveau précis où ses fondateurs l'avaient établi, les habitations des hommes, rebâties sans cesse sur leurs ruines, montaient insensiblement autour de lui ; elles finirent par l'enterrer jusqu'à la hauteur de ses corniches (1).

(1) Depuis que ceci fut écrit, le Service des Antiquités a réussi à exproprier les dernières des maisons qui masquaient la façade. Depuis le mois de janvier 1910, le pronaos a été dégagé complètement, et l'un de nos meilleurs employés, M. Baraize, travaille activement à le rendre accessible au public. L'expropriation des maisons bâties sur les salles et sur le sanctuaire suivra, aussitôt que nous aurons réussi à économiser les sommes nécessaires à l'opération.

XXIII

EL-KAB

Esnéh, le 14 janvier 1909.

La brique crue d'Égypte est moins périssable que la pierre. Les murs d'El-Kab, qui en sont bâtis, se maintiennent en assez bonne condition : ses temples de grès et de granit ont été détruits jusqu'au ras du sol, et, par endroits, les fondations elles-mêmes n'existent plus, ni le radier sur lequel elles s'appuyaient. Quand les habitants du village voisin ont besoin de pierre taillée ou brute pour réparer leurs maisons, ils viennent s'approvisionner là comme dans une carrière, et sournoisement, grâce aux distractions complaisantes de nos gardiens, ils brisent au marteau autant de blocs qu'il leur en faut pour les nécessités du moment. Ils s'attaquent de préférence aux inscriptions et aux bas-reliefs, car enfin, pourquoi les Pharaons se seraient-ils donné la peine de graver ces images mystérieuses, sinon pour indiquer à qui saurait les comprendre les endroits où ils avaient caché des trésors sous la protection des talismans? Il leur semble toujours que l'enchantement va se rompre sous leurs coups, et les éclats se métamorphoser soudain en pluie luisante d'argent ou d'or. De vrai, rien de pareil n'est arrivé à personne de leur connaissance, et eux-mêmes ils n'ont jamais rien récolté dans les ruines que de la poterie cassée ou des gravois : leur foi n'en survit pas moins à toutes les déceptions. Cependant nos temples vont s'émiettant; d'ici à une trentaine d'années, malgré nos soins, le peu qui en subsiste aura disparu. Le principal d'entre eux tournait sa face au Sud et les Pharaons l'avaient reconstruit plusieurs fois au cours des siècles, Thoutmôsis III avec les restes des édifices de la XII⁰ Dynastie, Ramsès II avec les pièces du sanctuaire de Thoutmôsis III, les souverains saïtes avec les morceaux des chapelles de Ramsès II. Là comme à Thèbes, comme à Memphis, comme partout, les derniers venus de l'histoire utilisaient le vieux pour en fabriquer du neuf, et les matériaux ont appartenu à des monuments antérieurs avant d'arriver à leur place actuelle. Du moins les Égyptiens d'autrefois, s'ils les remployaient, ne les endommageaient-ils pas : ceux du présent ne savent plus rien tirer d'eux que de la caillasse.

La déesse du lieu, Nekhabit, était un vautour :
elle gîtait à la droite du Nil, tandis que l'épervier
Baoukou recevait un culte sur la rive d'en face, à
Kom-el-Ahmar. Son lac sacré, sur lequel évoluait
la barque divine qui contenait sa statue, avait été
creusé à l'est du Temple. C'est aujourd'hui une
mare ovale, encaissée profondément entre les
berges, et l'eau y séjourne du commencement
d'août à la fin de janvier. De rares troupeaux de
moutons, propriété des familles d'alentour, y descendent s'abreuver et se baigner tant que la crue la
renouvelle, mais, dès que le fleuve rentre dans son
lit, elle s'évapore rapidement et elle devient si sau-
mâtre que les bêtes refusent de la boire. La ville
s'étendait à l'Ouest et au Nord-Ouest, et jusqu'à ces
années dernières, certaines de ses parties, surtout
celles qui touchent au mur d'enceinte, avaient peu
souffert. On n'y rencontrait que des maisons de
pauvres avec leur courette et leurs trois ou quatre
chambres minuscules. Des ruelles voûtées circu-
laient dans le tas ou plutôt des boyaux irréguliers
semblables à ceux de nos villages arabes, qui se
tordent en zigzags capricieux parmi les cases de
boue, et qui, trois fois sur quatre, se terminent
abruptement en culs-de-sacs. Les vaisselles con-
cassées de la surface trahissaient une date peu
reculée et il ne fallait pas grande recherche pour
s'apercevoir qu'elles provenaient de la ville chrétienne, celle qui ne survécut pas à l'invasion arabe.

La ville romaine, la ville grecque, la ville saïte,
toutes les villes qui s'étaient succédé sur le site
depuis l'aube des âges historiques, gisaient l'une
au-dessus de l'autre en lits superposés d'épaisseur
inégale : dès qu'on y enfonçait la pioche, des rebuts
de faïences vernissées en sortaient, des verreries
multicolores, des pièces de vases en bronze ou en
cuivre, des perles d'émail bleues et vertes, et par
centaines, ces galets arrondis dans lesquels nos
ouvriers prétendaient sans sourciller reconnaître
les boulets du Pharaon et de son artillerie. En 1883,
deux heures de grattages superficiels me rendirent
le haut d'une stèle de Pioupi II, la base d'une
statue royale sans nom, un beau scarabée de
Thoutmôsis III, et une poignée de potins au nom
de l'empereur Aurélien. La récolte serait moins
riche aujourd'hui s'il me plaisait tenter de nouveau
la chance. Les paysans, encouragés au travail par
le bon ordre qui règne dans leur pays, ont plus que
doublé l'aire de leurs cultures, et ils ont bouleversé le site pour extraire le sébakh, l'humus nitré
qui leur tient lieu d'engrais. Les marchands d'antiquités s'y sont insinués à leur suite, et ils y ont
trouvé pendant plusieurs années de quoi garnir
les boutiques de Louxor. Les archéologues enfin,
accourant beaux derniers selon la coutume, ont
consommé la destruction avec méthode. On ne distingue plus ni maisons, ni rues, ni carrefours, mais
ce ne sont plus que pans de murs branlants, amas

de briques ou de tessons laissés au bord d'une tranchée de fouille, un pêle-mêle où le bric-à-brac de toutes les époques est confondu : il y faudrait remuer et passer au crible des tonnes de déblais avant d'y découvrir un seul des jolis objets qu'on y recueillait naguère si aisément. Les remparts seuls sont intacts.

Ils dessinaient jadis un parallélogramme dont les côtés longs mesuraient douze cents mètres, mais le Nil, dans ses changements de direction capricieuse, a rogné l'un des angles, celui de l'Ouest, et il menace de continuer ses ravages avant qu'il soit peu. Une brèche moins large a été percée de main d'homme vers l'angle Nord-Ouest, probablement pendant l'assaut final : les fellahs essaient de pousser par elle leurs rigoles d'arrosage et de gagner ainsi aux labours les terrains vagues de l'intérieur. Sauf en ces deux points, la muraille garde une hauteur uniforme de dix à douze mètres, et elle ne s'interrompt qu'aux baies vides aujourd'hui des portes antiques, une fois sur le front Nord et l'autre sur le front Est. Elle est construite en briques énormes, disposées par couches ondulées d'un bout à l'autre des faces Ouest et Nord : elle présente à l'Est et au Sud une alternance de panneaux où les lits courent horizontaux, avec d'autres panneaux où ils sont concaves et forment un arc renversé très ouvert, dont l'extrados s'appuie au sol. Les raisons de cette ordonnance

ne sont pas claires. Selon quelques-uns elle empêcherait les glissements de la structure entière sur
le sable des fondations et ceux des assises les unes
sur les autres. Plusieurs affirment que, dans le
cas d'un siège, elle localisait et circonscrivait
l'action du bélier : l'ébranlement par les chocs
répétés ne se propageait pas au-delà du panneau
qui les subissait. Ce n'est rien moins que démontré,
mais quelle que soit la raison qui détermina les
architectes égyptiens, leur œuvre dure, et elle
continuera longtemps encore à moins qu'on ne la
démolisse systématiquement. Le mur s'est lézardé
de haut en bas sous l'influence des intempéries ou
des tremblements de terre. Il a été miné aux pieds
par les fellahs, qui en arrachent les briques salpê-
trées et qui les concassent pour en fumer leurs
champs. Il a perdu ses créneaux et ses banquettes,
mais le chemin de ronde est large de onze mètres
en moyenne, et l'on y accède par des escaliers ou
par des rampes dissimulées dans l'épaisseur. El-
Kab, et, vis-à-vis d'elle, Kom el-Ahmar, étaient des
villes frontières aux débuts de l'histoire, car la
Nubie commençait à quelques kilomètres d'elles
vers le Sud; mais, tandis qu'El-Ahmar, retirée
loin du Nil, demeurait une forteresse de barrage,
bonne seulement à retarder la marche d'un corps
d'armée et à l'immobiliser pendant quelques
semaines, El-Kab était le boulevard de la région
entière. Aussitôt que les vigies postées aux rochers

d'El-Kalâa (1) signalaient l'approche d'une flottille barbare, ou que les sentinelles espacées sur la crête de la chaîne arabique remarquaient du mouvement parmi les tribus du désert, le peuple des villages se réfugiait chez elle avec ses troupeaux et ceux de ses biens qui étaient d'un transport facile : il y campait dans l'enceinte jusqu'à la fin de la crise. Que pouvaient contre une cuirasse aussi épaisse des gens qui ne connaissaient point d'autres engins que l'échelle ou le bélier ? Ils s'éloignaient d'ordinaire après deux ou trois tentatives d'escalade infructueuses : le temps et la famine pouvaient seuls avoir raison de la place.

Un ruban mince de verdure épouse fidèlement les sinuosités de la rivière : il n'égale même pas la largeur de la ville, et la moitié orientale de celle-ci est en plein dans le désert. Des cimetières archaïques remplissaient l'angle Nord-Est, cimetières de pauvres diables, dont les tombes ne renferment que de la poterie très rude et des parures misérables, colliers en cailloux multicolores ou en faïence émaillée. Les premiers sires d'El-Kab étaient d'assez tristes hères qu'on enterrait comme

(1) El-Kalâa, la forteresse, est le nom que donnent les habitants aux ruines d'un fort d'époque byzantine, qui est posté à vingt kilomètres environ au sud d'Edfou, sur un ressaut du Gebel Sérâg. Quelques sondages exécutés à cet endroit, vers 1884 m'ont donné lieu de croire que le castellum byzantin avait succédé à un château de l'âge pharaonique, qui marquait vers le Sud la frontière de la baronnie d'El-Kab.

ils avaient vécu, pêle-mêle avec leurs sujets et sans plus d'apparat : on ne les distingue pas du vulgaire. Vers le milieu de la XIIIe ou de la XIVe Dynastie, quelques-uns d'entre eux décidèrent pourtant de faire bande à part, et ils émigrèrent vers une sorte de morne bas, qui s'allonge d'Est en Ouest à quelques centaines de mètres au Nord-Est. C'est une masse de grès usé à travers laquelle des filons d'argile verdâtre imprégnés de nitrates s'enchevêtrent en tout sens. On le savait si peu solide dès l'antiquité qu'on ne se risqua pas à y creuser de ces hypogées profonds qui étaient la mode dans l'Égypte du Sud. Le plus ancien de ceux que nous y connaissons est situé à mi-côte, dans une sorte d'éperon qui commande la plaine, et il n'a qu'une chambrette, au fond de laquelle le prince grava une stèle à sa louange. Son siècle ne lui avait pas été clément : la famine avait ravagé la province, mais la sagesse de son administration en avait évité les extrêmes aux villages qui dépendaient de lui. D'autres membres de sa famille s'établirent sous lui, à côté de lui, de façon plus indigente encore. Leur chapelle était un simple trou évidé dans le roc, sans peintures, sans sculptures, sans aucun de ces tableaux qui assuraient une survie honorable à l'âme du maître : une stèle, incisée maladroitement sur une petite plaque de pierre, commémorait le nom et la filiation, mais, fixée mal à la paroi, elle s'en était détachée de bonne heure et nous ignorons maintenant qui reposait là. Les successeurs de ces inconnus jouèrent un rôle glorieux dans les guerres des premiers Pharaons de la XVIII° Dynastie, Kamôsis et Ahmôsis, contre les Pasteurs. Ils y acquirent des butins notables, et ils agirent aussitôt comme tout enrichi de leur temps : ils commandèrent à des artistes habiles des tombes dignes de leur fortune nouvelle. On s'y rend de la ville en un quart d'heure, à travers une plaine moitié de sable quartzeux, moitié d'humus desséché auquel un peu de fraîcheur restituerait aisément sa fécondité. Parfois, à la suite des orages qui sévissent dans la montagne au printemps ou à l'automne, des torrents s'y précipitent qui l'inondent l'espace de cinq à six heures. Partout où ils l'ont touchée, la végétation jaillit : elle foisonne pendant plusieurs jours avec une vigueur singulière, puis elle meurt aussi soudainement qu'elle était née, dès que l'eau s'évapore. La chaussée du chemin de fer d'Assouân coupe à peu près en son milieu la piste qui unit la ville aux tombeaux. Elle se confond presque avec les mouvements naturels du terrain, et on ne saurait bientôt plus où elle est, si la ligne des poteaux télégraphiques n'en indiquait pas la direction ; nulle part le matériel de la civilisation moderne ne se dissimule avec autant de modestie que dans ce coin de l'Égypte.

Une pente de déblais mène à l'étage des tombeaux. Elle recouvre le quartier de caveaux sans

prétentions où les familiers de chacun des princes
furent enterrés, pour ainsi dire sous leur maître,
tant afin de lui donner dans la mort même une
dernière preuve de leur fidélité, qu'afin de profiter
des avantages que cette position leur valait et de
participer ainsi aux revenants bons du culte funéraire. Trois ou quatre des hypogées seigneuriaux
sont célèbres chez les égyptologues, pour les documents qu'ils contiennent sur l'histoire du temps,
et chez les touristes pour le charme de leurs sculptures et la vivacité de leur coloris. Celui de Pahiri
n'a qu'une cellule, si bien éclairée par une large
porte qu'on n'y perd aucun des détails de la décoration. Les parois sont revêtues comme d'une
tapisserie de figurines mignonnes qui s'acquittent
avec application des rites les plus minutieux des
funérailles. Par quel miracle les couleurs se sont-
elles conservées presque dans leur état premier?
Ce n'est pas faute aux voyageurs, la gent destruc-
trice par excellence, de s'être ingéniés à les gâter.
Ils ont commencé à y entailler leurs noms dès
l'époque gréco-romaine, et, dans certains endroits,
leurs inscriptions sont si pressées les unes contre
les autres qu'elles masquent presque le dessin
antique. Les tons n'en subsistent pas moins, adou-
cis et fondus comme ceux d'une vieille tenture, et
le relief qu'ils habillent est d'une qualité presque
unique à cette époque. On y discerne bien les traces
d'une gaucherie provinciale qui le met au-dessous

de ce qu'on voit dans les belles tombes thébaines, mais l'artiste, s'il avait un peu de raideur et d'inexpérience au ciseau, possédait le don de la vie, et ses personnages se recommandent par un naturel et par une vivacité d'expression qui manquent souvent dans des œuvres d'une facture plus savante. Pahiri assiste, sur la muraille de droite, au festin de ses propres funérailles, et, tout en mangeant, il contemple d'un œil bienveillant l'animation des convives. Les repas d'enterrement avaient dès lors le privilège de jeter ceux qui s'y asseyaient dans un état d'esprit particulier : c'était, presque dès le début, une sorte de tristesse joviale que le ferme propos de fêter dignement le mort changeait assez vite en une surexcitation sans décorum. Les femmes elles-mêmes y apportaient une bonne volonté telle qu'on se demande où l'expression légitime de leur chagrin pouvait s'arrêter. L'une d'elles dit à l'esclave qui lui offre du vin : « Donne m'en dix-huit cruches, car je voudrais bien me griser », et elle ajoute philosophiquement, avec le pressentiment des conséquences probables : « Le lieu où nous sommes est garni de bonne paille » où cuver la boisson. L'on est moins gai en face, sur la paroi de gauche : c'est le transport de la momie, l'arrivée de la victime humaine dont on simulait le sacrifice à la porte de l'hypogée, les danses des bouffons en avant du cortège, les lamentations des pleureuses. Pahiri surveille les opérations qui doivent lui confirmer la richesse dans l'autre monde et, quittant la ville en char, il est parti aux champs. Or le char est attelé de deux chevaux, et ces deux chevaux sont les premiers de leur espèce que nous rencontrons figurés. Le cheval avait été introduit en Égypte par les Pasteurs, et peut-être était-il rare à El-Kab lorsque Pahiri commandait. Les deux braves bêtes, rênées de court, rongent leur frein et piaffent en attendant que leur maître revienne. Lui, cependant, il ne se hâte pas, mais debout à l'orée de ses champs, il y voit d'un seul coup tous les travaux de l'année : on laboure pour lui dans un endroit, on sème, on récolte plus loin, on foule le grain, on le vanne, on l'emporte aux greniers, et ce sera son pain. Ailleurs, on cueille la grappe sous la treille, on la cuve, on la presse, on verse le vin dans les cruchons. La chasse, la pêche, le salage des poissons, la mise en pot des oies confites, se succèdent en pleine activité, et le soin des troupeaux, et la batellerie : tout est en de telles quantités et en si bon point que Pahiri ne doit manquer de rien aujourd'hui encore.

Les Égyptiens possédaient un sens délicat de la nature, qui les aidait à établir leurs *maisons d'éternité* dans les lieux où la vue la plus large s'ouvrait sur la vallée. Pahiri, sortant de son caveau pendant le jour, ainsi que le dogme osirien l'y encourageait, embrassait d'un seul regard la contrée lumineuse sur laquelle il avait régné. El-

Kab déployait devant lui sa silhouette crénelée où les foyers, s'allumant vers le coucher du soleil, exhalaient leurs fumées lentes dans le ciel des soirs : les bois clairs et les collines de Kom-el-Ahmar bornaient son horizon à l'extrême occident, le Nil s'en allait entre deux charriant ses convois de barques, et à ses pieds même, selon les saisons, les fellahs exécutaient sans se lasser les travaux dessinés sur ses murailles. Peu d'endroits sont demeurés plus que celui-ci pharaoniques de caractère. Les paysans au travail y portent les caleçons de toile et la calotte molle de leurs ancêtres. Leurs houes pourraient être déposées dans nos musées à côté des anciennes, et leurs araires sont un legs du vieux monde. On dirait, à les voir, que les fermiers de Pahiri se sont animés dans leurs registres, et qu'épaulant leurs outils, piquant leurs attelages, ils se sont éparpillés dans la campagne pour y reprendre leurs tâches interrompues par trente-cinq siècles de sommeil. Et pourtant, au loin dans le Sud, du côté de la montagne qui sépare El-Kab de Radésieh, un bruit point si léger qu'on le distingue à peine du silence et qu'il y rentre par instants. Il se précise, il se continue, il monte, il s'enfle, il éclate en un fracas de souffles haletants et de ferrailles cahotées lourdement. C'est l'express d'Assouân qui arrive à toute vitesse et qui nous rappelle brutalement de notre rêve antique aux réalités de la vie présente. Il passe : son wagon de queue s'éclipse au tournant de notre colline, et sa rumeur s'est assourdie et tue dans le nord que ses fumées traînent encore le long des remparts et en embrument les crêtes. Elles se dissipent à leur tour dans l'air imprégné de soleil, et avec leurs dernières vapeurs, l'ombre du moderne qui avait traversé et voilé le site achève de s'effacer. Les fellahs, redressés un moment pour voir filer le train, se recourbent sur les guérets avec le même geste anguleux et lent que le sculpteur a noté d'un trait si juste dans la chapelle de Pahiri.

XXIV

LES FOUILLES ANGLAISES
A KOM-EL-AHMAR

El-Kab, le 14 janvier 1905.

Kom-el-Ahmar — le Tertre Rouge — est situé sur la rive gauche du Nil, juste en face d'El-Kab, et c'est, pour atteindre les ruines, une promenade à baudet de trois quarts d'heure, de la berge au désert. Un sentier bien tracé, chose rare en Égypte, pique droit du rivage au bourg prochain d'El-Mouissat, saute une rigole et s'enfonce entre les maisons. Les champs qu'il traverse ont belle apparence, des ponceaux de pierre enjambent la rigole d'espace en espace, et El-Mouissat, s'il n'est pas entièrement propre, fait un effort vers la propreté, qui n'est pas sans mérite dans ce canton retiré du Saïd. Les habitations y sont disposées par paquets de trois ou quatre le long de l'eau, chacune avec son jardinet où les plantes les plus disparates prospèrent à l'aventure, les ricins et le coton, les napécas, les sonts, les doums, les lits d'oignons et de poireaux, les carrés d'ail et de bamiah. Un chemin creux mal battu circule parmi les murs de terre ou les haies et nous mène à la place irrégulière où le marché se tient chaque mardi, entre un étang croupissant et une mosquée dont on ne saurait dire si elle est en ruine ou en construction. Il y a ving' quatre ans, quand je parcourus le pays pour la première fois, il était presque désert, et les cultures ne dépassaient pas de beaucoup le village ; elles ont plus que triplé depuis lors, et l'aspect en est à peine moins riant que celui de nos belles plaines européennes. Pourtant l'inondation est venue tard cette année, et l'épandage a commencé trois semaines environ après la date accoutumée. Les blés et les orges pointent seulement. Les fèves, qui devraient être mûres, se décident bien juste à fleurir, et leur parfum, avivé par l'action du soleil, se répand partout subtilement, tempéré par l'odeur de la terre fraîchement mouillée. La population entière est dehors, les hommes pour l'arrosage ou pour le transport de l'engrais, les femmes ou les filles derrière leurs buffles ou leurs chèvres. Cependant quelques cailles revenues du Soudan depuis peu s'appellent dans la verdure nouvelle, des alouettes huppées leur répondent entre les mottes, les pigeons piètent longtemps devant nos ânes et ils ne s'enlèvent qu'à la dernière extrémité, avec un air de reproche et presque d'indignation comique : c'est bien affaire à nous de les déranger quand nous pourrions si aisément nous déranger nous-mêmes ! Les oiseaux ne sont pas sauvages ici : comme l'homme ne les pourchasse point, ils n'ont pas appris à s'effaroucher de l'homme, et ils voisinent amicalement avec lui.

Le canal bordier n'est pas à sec entièrement et des flaques y persistent çà et là, mais les herbages l'ont envahi, un peu de blé, un peu de bersîm, des lupins, de la vesce ; deux bateaux échoués au fond attendent le retour de la crue au milieu d'un champ de lentilles. Les labourés reprennent au delà, mais de plus en plus maigres et de plus en plus languissants : ils cessent brusquement au point précis où l'infiltration et l'irrigation n'atteignent plus. C'est sur la lisière du désert, à trois cents mètres environ du canal, que la ville pharaonique s'élevait. Le hameau de Kom-el-Ahmar en recouvre un petit coin, et le gros des constructions antiques était enseveli naguère sous un linceul de sable apporté par le vent. Quibell mit à nu les ruines du temple où l'Horus de la localité était adoré. Il en tira des merveilles, la tête de faucon en or et les deux statues en cuivre du Pharaon Pioupi Ier qui sont au musée du Caire, mais il fut obligé d'abandonner le site avant de l'avoir épuisé ; deux autres Anglais, Garstang et Jones, ont entrepris cet hiver d'achever la tâche. Depuis six semaines bientôt qu'ils sont là, les déblais accumulés ont formé autour de la fouille une sorte d'épaulement qui la cache, et qui nous permet de l'aborder avant qu'on nous ait signalés : les ouvriers ne commencent à se douter de notre approche que lorsque nous tombons au milieu d'eux. Nous les trouvons seuls pour le moment, sous la surveillance d'un contre-maître indigène, et le travail n'est pas sans souffrir de l'absence du chef européen. Les hommes se reposent entre chaque coup de pioche, et les enfants se chamaillent autour de leurs couffes. A peine ils nous ont vus, la scène change et l'activité déborde ; un gamin de huit à neuf ans entonne un refrain de circonstance, que ses camarades soutiennent en chœur, *ennahar-dé, fi safiyèh*, — (aujourd'hui, il y a bombance), et sur le rythme pressé de sa cantilène, les pioches se hâtent, les couffes s'emplissent et se vident, la tranchée s'allonge, le contremaître court sur le front de sa troupe, prêt à saisir le premier objet qui sortira. C'est peine presque perdue, de ce côté du moins, et M. Jones n'a pas grand'chose à espérer. Quibell ne lui a laissé que des rebuts, des éclats de stèle, des morceaux de bas-reliefs, des fragments de sta-tues, des amulettes communs, perdus parmi des millions de tessons, la casse amoncelée par cent

générations successives de ménagères maladroites.
Il n'en suit pas moins sa piste avec conscience, et il
chemine de maison en maison sans être découragé
par la pauvreté de son butin. De loin en loin,
quelque pièce curieuse le paye de sa persévé-
rance. Avant-hier encore, il a recueilli dans l'angle
de deux murs, sous des chiffons ignobles, une
mignonne tête d'homme en lapis-lazuli. Le modelé
en est fin et l'expression charmante, mais ce qui
lui assure une valeur extraordinaire, c'est qu'elle
s'adapte à une statuette de même matière que
Quibell recueillit non loin de là il y a sept ans, et
qui est déposée au musée d'Oxford.

La ville n'a jamais été considérable : un temple
de dimensions médiocres et sans prétention à
l'architecture, deux ou trois entrepôts d'État en
grosse maçonnerie, quelques milliers d'habitants
entassés dans ces huttes de pisé dont les Égyptiens
se contentent aujourd'hui encore, peu de commerce, aucune industrie, et pour tout nourrir cette
langue de terre étroite que les gens d'El-Mouissat
s'évertuent à retourner. Et pourtant, placée qu'elle
était à la frontière la plus ancienne du pays, sa
position la rendit importante dans les temps primitifs, et ses princes jouèrent un grand rôle sous les
Pharaons thinites ou sous leurs prédécesseurs.
Alliés aux seigneurs d'El-Kab et d'Edfou, ils
défendaient les marches du sud contre les peuplades du Soudan, et plus d'une invasion nubienne

ou berbère échoua devant les murs de leur forteresse. Celle-ci n'a point péri, mais elle se dresse
presque intacte à une centaine de mètres de la
ville. Ce n'était pas, comme en face, à El-Kab, un
immense camp retranché où la population entière
du district se réfugiait à la moindre alerte, avec
son bétail et ses provisions. C'était un château de
proportions restreintes, une enceinte rectangulaire
en briques crues, composée de deux murs. Celui
du dehors lui fait une sorte de chemise crénelée,
qui était à l'origine haute de quatre ou cinq mètres.
Le rempart proprement dit mesurait de six à sept
mètres à la base, mais il montait en se retirant
légèrement jusqu'à la hauteur de onze ou douze
mètres, et il n'avait plus que cinq mètres à la
crête. Il est plein, sans archères ni meurtrières,
mais crénelé à merlons arrondis et décoré exté-
rieurement de longues rainures prismatiques; un
crépi blanc bordé de traits rouges habillait la
brique. La porte est reléguée à l'angle sud-est, au
centre d'un massif compact qui se projette en saillie
sur le front de défense. Une coupure étroite, barrée
par de solides battants de bois, la fermait au
dehors; une courette, ménagée dans l'épaisseur,
se présentait au delà, et dans le fond, sur la
gauche, une seconde porte aussi resserrée que la
première donnait accès dans l'espace intérieur. Des
logis d'habitation, des casernes, des magasins de
vivres et de munitions l'occupaient, et le prince y

tenait sa cour en temps de paix ; au premier bruit de guerre, s'il ne disposait pas d'assez de monde pour battre la campagne, il s'y embastillait avec ses troupes et il y résistait longuement. Une brèche pratiquée au front septentrional semble prouver que le château fut emporté d'assaut au dernier siège qu'il subit, mais il était rare qu'une place aussi bien munie succombât aux brusqueries d'une attaque directe : comme à El-Kab, l'ennemi attendait patiemment que la famine ou la soif eussent raison de la résistance (1).

Le sol est défoncé aux alentours, et des entassements de briques ou d'ossements humains pulvérulents marquent les endroits où Quibell fouilla. Les cimetières les plus vieux s'espaçaient dans la plaine sablonneuse, au nord et à l'ouest, mais des tombes d'époque récente se sont intercalées au milieu des sépultures primitives, et les modernes ont tout bouleversé si consciencieusement qu'il est souvent difficile de distinguer les unes des autres. Le mobilier en est misérable, de la poterie grossière, des nattes, des étoffes pourries, des colliers et des bracelets de cailloux ou de verroteries multicolores, çà et là des bijoux en métal précieux ou des amulettes ; la population était pauvre dans la mort comme pendant la vie. Les princes et leur famille devaient être ensevelis

____

(1) Voir ce qui est dit d'El-Kab, p. 250-251 du présent volume.

plus richement, quelque part dans la montagne, et la plupart de leurs tombeaux nous sont encore inconnus. Là-bas pourtant, à un kilomètre environ du château, des portes d'hypogées bâillent à mi-côte, ceux-là mêmes que Bouriant et moi nous avions étudiés il y a près de trente ans. Ce sont des caveaux mesquins, dégrossis hâtivement, et à peine décorés pour la plupart. De rares inscriptions nous apprennent qu'ils ont abrité les momies de princes et de grands-prêtres contemporains des premiers Thoutmôsis, mais l'un d'eux, qui était plus soigné que les autres, a été usurpé et repeint sous Ramsès XII. M. Jones y a établi son camp ; il a rangé ses provisions dans l'un, il couche dans l'autre, il fait sa cuisine sur la plate-forme, en face du troisième qui lui sert de salle à manger, et il emmagasine dans un quatrième les objets qui lui arrivent au cours de ses fouilles. Un large ouady débouche à ses pieds et lui ouvre vers le sud des perspectives profondes sur le désert. Devant lui la vallée entière se déploie, rayée d'or, son liséré de sable jaunâtre, la vieille forteresse toute grise sous le soleil de midi, le tertre de Kom-el-Ahmar d'où monte la poussière des fouilles, la nappe verte des arbres et des blés, le miroir du Nil, et barrant l'horizon, les collines d'El-Kab, avec leurs arêtes sèches, leurs pentes où la lumiere semble ruisseler comme une eau lente, et leurs creux d'ombre bleutée.

XXV

EDFOU

Edfou, le 14 janvier 1906.

Si l'on me demandait quelle est, parmi les villes de l'Égypte moderne, celle qui a conservé le mieux la physionomie et les dispositions intimes d'une cité antique, je répondrais sans hésiter que c'est Edfou. Son temple l'annonce à distance, et le voyageur qui remonte le Nil sur sa dahabiéh en aperçoit les deux tours longtemps avant d'aborder, comme jadis le pèlerin qui s'y rendait dévotement afin d'adorer le faucon d'Horus. Une heure après qu'on a quitté El-Kab, elles surgissent à peine visibles au-dessus des arbres, puis elles replongent presque aussitôt dans la verdure pour reparaître un peu plus hautes au bout de quelques minutes, et à chaque tournant qui les démasque elles semblent ramener avec elles, en revenant, un peu du décor qui les entoure, le minaret d'une des mosquées, des pigeonniers carrés, deux ou trois pans de murs blanchis, un pâté irrégulier de maisons jaunes et grises, une berge taillée presque droit dans l'alluvion noire, deux ou trois barques, une sakiéh qui égrène au vent nuit et jour sa cantilène grinçante, une zone de blés verts et de fourrages, un faubourg bruyant sorti de terre depuis vingt ans, un canal, un pont de briques et de bois ; enfin le village proprement dit avec ses huttes basses et ses venelles presque désertes. Des chiens trop paresseux pour aboyer après l'étranger sommeillent languissamment du côté de l'ombre. Deux ou trois femmes nous croisent, informes sous leur voile traînant. Une porte s'ouvre avec fracas derrière nous, et des échos de conversations assourdies chuchotent derrière les murs. Deux tours à droite, un tour à gauche, un kouttab qui bourdonne en pleine activité de lecture, un coude brusque, et devant nous, au-dessus de nous, comme autour de nous, le temple se dresse démesuré.

Il était enterré naguère au fond d'un trou où Mariette, l'ayant déblayé, l'avait abandonné hâtivement. Le Service des Antiquités vient d'employer huit années à le dégager de façon plus complète. Il a dû acheter pour cela et démolir une quarantaine de maisons, enlever dans plusieurs endroits jusqu'à vingt et trente mètres de débris, et sa tâche n'est pas achevée; pourtant le parvis est libre ainsi que le site du lac sacré, et un peu en avant du pylône, sur la gauche, une chapelle qu'on apercevait à peine, celle où la déesse d'Edfou se retirait au printemps pour enfanter le dieu-fils de la triade locale. Le portail monumental par lequel les pèlerins pénétraient dans le téménos n'est plus noyé sous les décombres depuis trois ans, et bien que les fouilles n'aient pas été poussées assez loin de ce côté elles ont donné aux touristes assez de recul pour qu'ils embrassent la façade dans son ampleur. Elle a dépouillé la parure éclatante et barbare dont les architectes l'avaient revêtue jadis, les quatre mâts gigantesques qui livraient aux vents leurs banderoles multicolores, les placages de teintes crues qui rehaussaient les bas-reliefs triomphaux des rois Ptolémées, les battants enluminés et dorés qui fermaient sa porte colossale. Les mâts ont été brûlés, les corniches sont tombées, les pluies ont délayé les couleurs, et le soleil de midi, frappant les surfaces grises, semble y dévorer les sculptures ; à peine distingue-t-on la silhouette des figures au mince filet d'ombre qui coule le long de leurs contours. L'impression de force assurée, qui empruntait alors beaucoup de sa vivacité à la violence des tons et à la richesse des ornements, résulte aujourd'hui de la seule immensité des proportions, et peut-être n'est-elle pas moins puissante. Nulle part en Égypte, ni même à

Karnak, on ne comprend mieux ce que les Pharaons voulaient dire, lorsqu'ils se vantaient d'avoir fondé des monuments de pierres éternelles en l'honneur des dieux. On n'imagine pas que des structures établies de façon si magistrale puissent succomber à autre chose qu'à un effort soutenu de la perversité humaine ; et pourtant, à les examiner de près, on ne tarde pas à constater qu'elles sont à bout de résistance en bien des endroits, et que plusieurs de leurs parties menacent de succomber par faiblesse sénile. L'air et le soleil ont désagrégé tel ou tel bloc à ce point qu'on les creuse du doigt ; ailleurs la poussée des terres ou des immondices a infléchi les murs en leur milieu, et le mouvement qu'elle a provoqué dans les assises ne s'est pas arrêté depuis que le déblaiement en a supprimé la cause. Il y a six ans, le mur ouest de l'enceinte était en si mauvaise condition que je redoutais une chute prochaine : il fallut le raser sur une longueur de quatre-vingt-dix mètres, consolider les fondations, remonter les blocs et les ajuster avec une exactitude minutieuse, afin de reconstituer sans défauts les scènes mythologiques et religieuses qui en sanctifiaient les deux faces. M. Barsanti, qui fut chargé de la besogne, s'acquitta d'elle avec son habileté et son audace accoutumées ; mais, sa tâche terminée, il reconnut que le portique occidental de la grande cour n'était pas en danger moindre que le mur ne l'avait été. Je le renvoyai donc en 1905, avec ordre de tout remettre en état par les mêmes procédés qui lui avaient si bien réussi précédemment.

Il n'a été ni moins heureux ni moins rapide. Murailles, colonnes, plafonds, le portique a été réduit à la stabilité parfaite ; dans quelques semaines les échafaudages seront enlevés et le monument aura repris son aspect ordinaire. Le chantier fonctionne avec une activité discrète, sans déploiements de force inutiles, sans insultes de contremaîtres ni grondements hostiles d'ouvriers, et les quelques voyageurs qui observent la manœuvre ne soupçonnent guère combien souvent elle fut périlleuse. Le portique entier s'était déjeté d'ouest en est, et onze de ses colonnes n'étaient plus tenues en position que par les architraves qui les reliaient et par le plafond dont les dalles pesaient sur elles : on ne pouvait rien tenter pour les redresser avant d'avoir étayé la masse entière, et la moindre maladresse commise pendant cette opération préliminaire risquait de renverser tout sur les ouvriers. M. Barsanti étançonna les plafonds, boisa le mur, arma les colonnes et les contre-buta d'énormes poutres en pitchpin ; aussitôt que la sécurité de l'ensemble eut été assurée, il démonta les blocs qui composaient les corniches, puis, appliquant des crics au plafond, il en souleva les dalles à trente centimètres au-dessus de la crête des murs, et il les arrêta dix mois en l'air sur les charpentes. Il attaqua ensuite les architraves, mais au lieu de les déposer, ce qui aurait consumé beaucoup de temps et doublé la dépense, il les repoussa sur des berceaux de poutres préparés vers l'est, à côté d'elles; il allait commander qu'on démolît les colonnes, lorsqu'un incident se produisit qui manqua de compromettre le succès. Tant de pierres suspendues au-dessus de leurs têtes effrayèrent le maître-maçon et ses aides : ils demandèrent qu'on les abaissât à terre, faute de quoi ils quitteraient la place. M. Barsanti dut s'installer auprès d'eux sous la masse pour leur prouver la vanité de leurs craintes, et à le sentir si résolu, ils reprirent un peu confiance, mais les premières heures furent pénibles : dès qu'un bois craquait ou qu'une corde vibrait en se raidissant, ils s'enfuyaient dans tous les sens et c'était grosse affaire de les ramener. Néanmoins la colonne d'angle fut désarticulée et emmagasinée sans accident pendant une journée de dix heures. La seconde colonne n'exigea que huit heures, et, les ouvriers s'aguerrissant, la corvée s'acheva plus promptement que nous n'avions osé l'espérer. En moins de deux mois, les onze colonnes penchées furent abattues puis reconstruites d'aplomb, les architraves revinrent au point d'où elles étaient parties, le plafond redescendit sur les architraves, et le portique se retrouva plus robuste qu'il n'était il y a trente ans avant sa mésaventure. Rien n'a souffert

au cours de ces manipulations, ni les inscriptions,
ni les tableaux, et la machinerie enlevée, il ne
resterait aucune trace de l'œuvre accomplie, si
nous n'avions pas été obligés de rejointoyer les
assises avec du ciment dont la teinte terne tran-
chera légèrement, pendant quelques mois encore,
sur la tonalité plus chaude de la pierre antique.
Les Pharaons auraient tiré vanité d'une entreprise
menée si rondement ; ils l'auraient racontée avec
une prolixité emphatique sur une stèle en gros
hiéroglyphes prodigue d'éloges pour eux-mêmes et
de prières aux dieux. La mode n'est plus à ces
panégyriques sur pierre. M. Alexandre Barsanti
s'estimera heureux, si les quatre années de fatigues
et d'inquiétudes qu'Edfou lui a coûtées lui valent
une mention de deux lignes, dans l'édition prochaine de quelque Guide du voyageur en Égypte.

Entre temps, il avait opéré à l'intérieur les
retouches moindres que l'état des lieux y avait
rendues nécessaires. Ce ne fut pas sans endommager les salles que les bonnes gens du village les
habitèrent pendant près de quatorze siècles, avec
leurs volailles et leurs bestiaux. Dans tel endroit,
ils ont martelé à loisir les images des divinités
païennes qui s'alignaient sur les murailles, afin de
tuer les démons qui les animaient. Ailleurs, leurs
femmes avaient gratté et évidé la pierre pour y
recueillir une poudre de grès qui, mêlée à leurs
aliments, guérirait leurs maladies ou leur procure-

rait une fécondité bénie. La couverture de plusieurs chambres n'existait plus, et il y a cinq années seulement, des fragments du plafond de la salle hypostyle s'étaient écroulés par une matinée de janvier (1) : deux heures plus tôt ou deux heures plus tard, ils s'abattaient sur une bande de touristes et combien n'en auraient-ils pas écrasés! La brèche est close maintenant, les crevasses ont été bouchées de mortier, les tableaux sont nets, et les hiéroglyphes se détachent d'un contour si vif qu'il ne leur manque plus que la couleur pour avoir recouvré leur air de nouveauté. La couleur, ce serait trop risquer que de l'entreprendre, malgré les traces qui en subsistent partout, mais je me suis demandé souvent si nous ne devrions point restaurer dans l'une des pièces les huisseries et le matériel du culte. Les portes seraient d'exécution facile, en bois de Syrie, ou de Caramanie avec des pentures de bronze et des rehauts de dorure : les crapaudines existent au pied des chambranles et elles nous fourniraient les justes dimensions des pivots sur lesquels les battants roulaient. Les scènes ciselées délicatement sur les parois du sanctuaire nous montrent les objets principaux qu'il contenait et l'ordre dans lequel ils étaient arrangés. C'était d'abord le grand naos en granit, consacré par Nectanébo avant la construction de l'édifice actuel,

____

(1) Voir, au sujet de cet accident et d'autres analogues, ce qui est dit plus haut, p. 124-125 du présent volume.

et dans lequel l'image du dieu, un faucon gigantesque en bois doré, était enfermée. C'était ensuite, devant le naos, sur un dé de pierre, la barque sainte qu'on promenait processionnellement à travers les rues et les champs les jours de fête. Elle est représentée de grandeur naturelle, avec son brancard, ses figures de poupe et de proue, son tabernacle à moitié voilé d'une étoffe blanche, ses rames-gouvernails, et à côté d'elle, de droite et de gauche, les autels, les sellettes chargées de pains et de gâteaux, les vases à libation, les nattes, les plateaux d'offrandes. Un menuisier habile aurait tôt fait de copier fidèlement le mobilier, et, le demi-jour qui règne en ces lieux aidant, les visiteurs mis brusquement en face de l'appareil mystique y gagneraient un moment la vision du passé.

Ils peuvent dès à présent se la procurer, s'ils le désirent, en allant s'installer sur l'une des tours du pylône vers le coucher du soleil. L'escalier monte en tournant sur lui-même à travers la masse, si doux qu'on en gravit les deux cent quarante marches presque sans fatigue. Des soupiraux étroits, épargnés dans la muraille méridionale, y laissent pénétrer parcimonieusement un pinceau de lumière, et une porte latérale ouverte sur chacun des paliers conduit aux chambres des prêtres. Deux ou trois d'entre elles servirent de corps de garde à la petite garnison française qui tint le pays pendant l'expédition de Bonaparte. Il y avait là, au début, cent cinquante hommes environ, fantassins et cavaliers, mais la maladie et l'escarmouche perpétuelle avec les maraudeurs indigènes les décimèrent progressivement. A chaques funérailles nouvelles, les survivants gravaient dans un coin le nom du camarade disparu, la date, une croix, puis ils recommençaient la faction journalière. Les heures leur étaient lentes dans ce bourg perdu, et si les vieux grognards éprouvaient quelque douceur à proclamer que *les François sont vainçeurs partout*, beaucoup d'autres songeaient avec regret, qui à sa Rosalie lointaine, qui au moulin à vent de son village qu'il dessinait au couteau sur un bloc, toit pointu et toutes ailes déployées. La plate-forme qui couronne la tour Est n'existe plus, mais l'assise sur laquelle les dalles s'appuyaient ressaute intérieurement le long du parapet comme un chemin de ronde d'où l'on a vue sur la campagne. C'est l'ordinaire paysage d'Égypte, mais plus maigre qu'aux environs d'Esnéh ou de Kom-el-Ahmar, deux chaînes de collines menues, déchiquetées, noires et zébrées de jaune où le sable s'écoule, un Nil boueux et presque désert, des lignes d'arbres tourmentés par le vent, des taches de verdure tranchant en vigueur sur les grisailles de la plaine. Tranquillement le soleil décline, projetant sur la ville l'ombre toujours plus longue du temple. Les feux s'allument pour le repas du soir, et de même que dans le vers mélancolique de

Virgile, les toits des maisons fument. Les faucons planent autour de nous, en décrivant de grands cercles avant de regagner leurs aires, et unis à leurs cris, des bruits de voix imprécises flottent par instants jusqu'au sommet des tours. Les femmes s'appellent d'une terrasse à l'autre, les hommes assis ou debout sur le seuil de leurs portes causent gravement à travers la rue, et nous désignant du geste semblent s'inquiéter de ce que nous faisons là-haut à des heures si tardives. Est-ce bien l'Edfou d'aujourd'hui qui va s'endormir sous nos yeux? Les quelques traits qui y trahissaient la vie d'à présent, le minaret de la mosquée, les poteaux du télégraphe, les tuyaux en tôle des pompes à vapeur, se sont effacés sous la caresse du jour mourant : le moderne sombre doucement dans la pâleur indécise du crépuscule, et l'appel du muezzin résonne à nos oreilles comme un écho affaibli des chants par lesquels les prêtres d'Horus saluaient la mort journalière de leur dieu.

XXVI

ASSOUAN

Le 8 janvier 1902.

Le vent du nord pique au visage, les nuages gris chassent en débandade à travers le ciel, le soleil luit sans chauffer, un de ces soleils clairs et secs qui sont fréquents en mars dans notre pays de France, les jours où le printemps s'essaye encore incertain de lui-même, et pourtant, malgré la bise, malgré le froid, nous sommes bien au fin fond de la Haute-Égypte. Voici, de droite et de gauche, les collines de grès frustes et les sables d'or qui annoncent déjà la Nubie ; voici les bouquets de dattiers et de doums, d'acacias et de tamarisques, éparpillés en rideau mince au dos des rives noirâtres, voici les bandes poudreuses de ricins ou de trèfles, les huttes de branchages et de boue, les chadoufs, les sakiéhs, et là-bas, à l'arrière-plan, la coupole déteinte du tombeau de saint qui domine Assouân. La ville se démasque brusquement au tournant d'un dernier promontoire boisé, entre la plage d'El Qôz et la pointe septentrionale d'Élé- phantine, villas à moitié cachées par les arbres, casernes, église, jardins, puis un front uni de maisons blanches, au-dessus desquelles culmine en pyramide l'amas des vieilles constructions couleur de terre. Un gros banc de sable s'est posé depuis peu en travers du goulet et n'en permet plus l'accès à tout venant. Les bateaux légers le franchissent encore sans trop de peine, au moins pendant l'hiver, et, poussant droit entre des îlots de granit bruns et moutonnés, atterrissent enfin par delà les piles rompues d'une jetée romaine. Les autres filent à l'ouest et doublent Éléphantine pour se rabattre sur le port du côté du sud, comme s'ils débouchaient de la cataracte.

Où est-elle l'Assouân d'il y a vingt ans, la bour- gade à demi nubienne dont nul mélange européen n'avait gâté encore l'originalité? Aucun chemin de fer n'y versait chaque soir des wagonnées de touristes encharbonnés, mais c'est au plus si quatre ou cinq dahabiéhs s'espaçaient sur la rade au plus fort de la saison. Le vapeur de la poste y amenait dans la semaine quelques douzaines de voyageurs, et deux fois par mois les bandes de Cook arrivaient en un grand bateau. C'était alors,

trois ou quatre jours durant, un va-et-vient de
canots entre Éléphantine et la terre ferme, des
galopades de baudets sur la route de Philæ, des
parades guerrières de Barabras à dix francs la
danse, des ballets d'almées, des marchandages à
n'en plus finir d'épées et d'armes nubiennes,
de plumes d'autruche, d'ivoire brut, d'étoffes ou
d'orfèvreries soudanaises. Un beau matin, le sifflet du bord annonçait le départ, et parmi un fracas
de roues les civilisés repartaient vers le Nord aussi
bruyamment qu'ils étaient venus; la ville, enchantée de ses gains mais lasse de leurs tumultes,
poussait un soupir de soulagement et se rendormait
nonchalante au chant berceur des sakiéhs. Elle
ne sommeille plus jamais maintenant, du milieu
de décembre au milieu de mars; elle est devenue
station d'hiver, comme Nice ou Sorrente, et elle
s'est transformée résolument afin de satisfaire aux
exigences de sa clientèle passagère. La berge
d'autrefois était pittoresque, mais raboteuse et
malpropre; elle l'a remplacée par un quai régulier,
à parements de briques, agrémenté de palmiers
déjà grands et de lébakhs qui grandiront, s'il plaît
à Dieu. Elle y a planté tout du long une devanture
presque européenne d'apparence, banques, bureau
de poste, hôpital, fontaine, chapelle, cafés, hôtels,
auberges, magasins vitrés et bariolés d'affiches.
Un photographe dalmate vous prie, dans un français composite, de ne pas acheter vos pellicules

ailleurs que chez lui. Son voisin, le marchand de tabac grec, vous offre ce qu'on fabrique de mieux en fait de cigarettes et de merceries, le tout en anglais, mais si vous avez besoin d'eau de Cologne, c'est plus loin, chez le libraire italien, que vous devrez vous informer : des Parsis obligeants vous vanteront en route leurs toiles imprimées aux couleurs criardes et leurs grossières argenteries indiennes. Vers l'extrémité méridionale, deux ou trois fiacres corrects et dignes attendent la pratique avec résignation, en tête d'une station de baudets numérotés, puis la gare et son passage à niveau marquent la fin de cette façon d'esplanade.

Ici le quai finit et la plage reparaît, capricieuse, semée de casse-cou, hérissée d'amas de pierres en partance, de piles de bois, de tas de barils ou de sacs, mais aussi d'échoppes et de tentes qui sentent la foire d'une lieue, boutiques de joujoux, pâtisseries populaires, rôtisseries en plein vent, même un cirque forain au drapeau de France, d'où un ânon frais tondu et un superbe chameau blanc sortent sur un rythme de polka, afin d'aller boire à la rivière. Il n'est que temps de rebrousser, si l'on veut éviter cette rencontre de banlieue, et l'on se lance sur une chaussée silencieuse qui, tournant le dos à la ville, semble plonger au sud dans un désert de granit et de sable. Le site a cet aspect piteux que présentent l'abord des cités, maisonnettes en ruines, jardins arides, terrains vagues empuantis d'ordures, à travers lesquels la chaussée vire et grimpe. Un restant de mosquée branle vers la droite, une tranchée se creuse où la route s'enfonce et, soudain, comme dans le conte de Perrault, la terre s'entr'ouvre, une cour se déploie dans un bas-fond, encadrée sur deux côtés de longs bâtiments neufs. Une bande de jeunes gens à baudet franchit la porte et prend la campagne. Des groupes qui se promenaient en causant s'arrêtent pour les voir partir et se remettent à bavarder de plus belle. Deux drogmans se querellent dans un coin et maudissent réciproquement leur père. Un marmiton, blanc-vêtu, le bonnet de travers et le couteau à la ceinture, poursuit un gamin qui lui a volé un pigeon à la cuisine. C'est l'hôtel de la Cataracte qui recommence, au delà d'Assouân, une seconde Assouân plus européenne encore que la première : juste en face, l'église anglaise arrondit sa coupole achevée de l'an dernier, et, un peu au sud, le réservoir des eaux, achevé cette année même, se carre sur la hauteur.

Si la ville a fait de son mieux pour recevoir les étrangers selon leur goût, les étrangers de leur côté ne lui ont pas été ingrats. Sans doute les touristes de quelques heures forment encore la majorité chez elle, mais d'année en année le nombre s'accroît des frileux ou des malades qui viennent se réchauffer à son soleil et ne l'abandonnent qu'à regret aux premières ardeurs du printemps. La température y est égale pendant l'hiver, le ciel serein, la population aimable et de commerce facile, hors la mendicité, et les hôtels procurent, à qui ne s'effraye pas de leur prix, plus de luxe intelligent qu'on n'en rencontre dans les meilleurs hôtels de l'Italie : beaucoup ne s'arrêtent plus à Louxor, ainsi qu'on faisait encore il y a seulement trois ou quatre ans, mais ils poussent droit du Caire à Assouân. Les jours qui suivent l'emménagement, ils se sentent consumés pour la plupart d'une flamme d'archéologie intense, et ils se ruent sans modération sur les antiquités. Ils parcourent l'endroit où fut le temple d'Éléphantine, le quai bâti de blocs arrachés aux vieux édifices de l'île, le nilomètre restauré par Mahmoud pacha, et ils achètent aux Berbérines des lampes chrétiennes ou des fragments de papyrus. Ils affrontent les cent marches de l'escalier qui conduit au tombeau des vieux princes, et ils s'émerveillent à la barbarie des hiéroglyphes ou des figures qui les décorent. Ils courent au Déir Amba Siméan étudier des vestiges de peinture copte, et les huit kilomètres qui les séparent de Philæ ne les effrayent pas ; le chemin de fer de Chellâl n'est-il pas là pour les aider à dévorer la distance en quarante minutes ? Chez quelques-uns ce beau zèle augmente à mesure que le séjour se prolonge et il s'exerce dans l'intérêt de la science : il entraîna la princesse royale de Suède à entreprendre les fouilles heureuses d'il y a quinze ans. Le plus souvent il se refroidit à la première courbature et il cède la place à des distractions moins austères. Aussi bien les affinités électives se manifestent vite entre ces gens venus de pays si différents, et des groupes se constituent qui s'attirent ou se repoussent de force variable. Le hasard d'un wagon commun ou d'une rencontre dans les couloirs a noué les relations, on a causé tant soit peu, on s'est promené ensemble, on finit par s'asseoir à la même table, et, après les repas, on a dans les salons clos ou sous les vérandas des coins favoris où l'on s'accommode pour jouer au bridge ou pour se confier les secrets du prochain. Le jeu est la grande ressource, je ne dirai pas contre l'ennui, cette vie n'ennuie pas, mais contre l'uniformité des jours; pourtant, on ne peut, malgré tout, jouer autant qu'il le faudrait pour abolir les heures, et l'on se crée le plus qu'on peut d'occasions de sortie. Le dimanche, les offices absorbent la journée, mais en semaine on se visite assidûment d'hôtel à hôtel, et comme chacun a plus ou moins le dédain de l'hôtel rival, c'est avec une nuance de satisfaction ou de contrariété réelle, selon le cas, qu'on en discute les avantages ou les inconvénients. On dîne mieux à *Cataracte*, mais au *Savoy* on descend à la salle à manger par un escalier monumental dont la belle ordonnance console un peu les convives de l'infériorité du cuisinier. On chante beaucoup, on danse autant que les cir-

constances le permettent, on organise des pique-
niques sur des îlots de granit, on lie partie d'aller
dessiner au désert ou au camp des Barabras, et si
rien de plus intéressant ne se présente, le bazar
est là où l'on peut toujours tuer agréablement une
ou deux des heures de l'après-midi.

Il n'est pas des plus vastes, mais il est de ceux
qui ont le mieux conservé l'aspect de l'Orient traditionnel. La rue montueuse qui le parcourt et les
amorces des rues voisines sont recouvertes,
comme au temps jadis, de leur plafond en planches,
et l'ombre que cette *sakifah* répand sur les étalages
ne nuit pas à la plupart des objets qu'on y voit.
On y fait parfois des découvertes imprévues. Il y a
près de vingt ans, j'y acquis, sous prétexte d'antiquité, une pipe en terre blanche dont la tête était
un portrait de M. de Robespierre, ainsi que l'indiquait la légende tracée en lettres d'émail sur la
ganse du chapeau : c'était l'héritage de quelqu'un
de nos grognards, oublié en Égypte après la retraite
de l'armée, mais comment un joujou aussi fragile
s'était-il perpétué intact parmi tant de mains berbérines ? Je n'ai rencontré cette année aucune pipe
révolutionnaire, toutefois, le bouton de cuivre m'a
paru abondant, boutons de l'armée républicaine,
boutons des premiers réguliers du colonel Selves,
boutons du temps d'Ibrahim le Victorieux ou de
Saïd pacha, boutons de soldats anglais contemporains, tout un cours d'histoire en boutonneries mili-

taires. Le reste n'est que le courant de la vente
dans les bazars de la Haute-Égypte, des émaux
russes ou persans, des filigranes de l'Inde, des
marqueteries et des terres rouges de Siout, des
bijoux du Soudan ou du Hedjaz, des plumes d'autruche rongées de vermine, un bric-à-brac incohé-
rent d'armes africaines, zagaies, épieux, boucliers
en cuir de rhinocéros ou soi-disant, fers de lance,
couteaux, épées à garde en croix dans leur gaine
plate, le tout manié pêle-mêle par les jeunes
femmes en toilettes claires qui marchandent au
hasard sans jamais acheter, ou par les touristes trop
pressés qui achètent au hasard sans jamais marchan-
der, par les dragomans intéressés à la vente, par
les courtiers Parsis insinuants et experts à écorcher
le client. Au delà, la foule européenne est moindre,
mais les affaires sont plus sérieuses, bazar des cotonnades, bazar des chaussures, bazar de la quincaille-
rie, bazar aux victuailles, et c'est plaisir de voir un
garçon épicier, frisé, rose, dans l'uniforme classique du métier, servir pour une demi-piastre de
cassonade à des fellahines noiraudes ou à des
Ababdéhs échevelés. Cependant les boutiques
s'espacent, le bazar retourne à la rue ordinaire
par degrés presque imperceptibles, et, avant qu'on
y ait pris garde, le vieil Assouân a reparu solitaire et poudreux. Des ruelles sourdes, des tunnels
resserrés entre deux murs de maisons boiteuses,
une porte de mosquée par laquelle un murmure de

voix monotones transpire vaguement, des marmots jouant sans entrain dans la poussière, une ou deux femmes voilées qui trottinent en rasant la muraille, puis, au sortir d'un carrefour, un coin de désert, la silhouette de deux ou trois santons chancelants, des pans de briques délitées, des tombes fraîchement blanchies à la chaux, le cimetière où la ville a déposé ses morts de génération en gérération depuis le temps de la conquête musulmane.

C'est là que dorment dans la paix d'Allah les descendants de la colonie mecquoise et médinète amenée par Amr ben el-As en 640, les *ashab en-Nabi*, les amis du Prophète. Un vieux dévot, qui méditait accroupi contre une porte, lève la tête en entendant leurs noms, et il nous propose de nous indiquer les principales de leurs tombes. Elles n'ont plus forme de monument, murs crevés, corniches découpées par le temps en festons irréguliers, coupoles éventrées, sanctuaires béants à l'infidèle comme au vrai croyant. Les stèles funéraires, dont beaucoup étaient de belle écriture, ont été descellées de partout il y a plusieurs années et transportées au Caire, où elles encombrent le musée arabe, mais notre guide sait qui furent les maîtres de chaque ruine et il nous psalmodie leur histoire. Ce furent tous de très grands saints et de qui l'on conte des miracles innombrables; ils continuent même à en opérer aujourd'hui. Le cheikh Ali Abi-Yousef Abou-Thaleb guérit des rhumatismes et de

la goutte. Le malade entre dans son oratoire et, après
avoir prié, il s'étend le long du mur, à plat sur le
sol : une main invisible le saisit, le roule à travers
la chambre, et il se relève sain à l'autre bout. Le
cheikh Mohammed ibn-Abou-Thaleb est incomparable pour rendre à ses fidèles les objets qu'ils
ont égarés ou qu'on leur a volés : on va prier sur
lui, puis, en rentrant chez soi, on les aperçoit à leur
place accoutumée, ou l'on rencontre le voleur qui
les rapporte malgré lui. Une fois, un paysan
qui avait dérobé un sac de dattes essaya de résister à la suggestion qui l'oppressait et de fuir au
désert : après avoir marché toute la nuit, le
matin, à l'aube, il arriva, sans savoir comment,
devant la porte de son volé. Et ces histoires de
miracles répétées à la nuit tombante, au milieu
de ce cimetière désolé, prennent un relief extraordinaire. Notre homme y croit de toute son âme,
et malgré la différence de religion qui nous divise,
il ne doute pas que nous n'y croyions. Il promène sa main avec respect sur le chevet des tombeaux, afin d'y ramasser quelques grains de poussière, puis il s'en frotte le visage ou la poitrine, en
récitant la profession de foi musulmane d'une voix
concentrée : il se pénètre de l'essence du saint et
il voudrait nous en pénétrer aussi, pour notre bien.
Il interrompt ses exercices pour nous crier qu'on
accourt de partout, du Roum, de l'Inde, de la Chine,
des pays d'Ouakouak, des terres des Noirs aux

reliques de ces bienheureux. Tel pèlerin vend son bien et navigue ou chevauche des mois avant d'atteindre Assouân : il fait oraison sur les sépulcres glorieux, il se réconforte d'une pincée de la poussière sacrée, puis il repart aussitôt, trop heureux d'avoir acheté, même au prix de sa fortune entière, le privilège d'avoir visité les lieux où reposent les plus vénérés des amis du Prophète. Et nous qui l'accompagnons, nous sommes venus dans un jour béni entre tous. Par une coïncidence assez rare, il se trouve que le 27 de Ramadan tombe un vendredi cette année : or, la nuit du 27 de Ramadan n'est-elle pas la célèbre nuit de dignité, *leilet el-kadr*, pendant laquelle le Koran fut remis à Mahomet? Le jour baisse, bientôt les portes du firmament s'ouvriront, et les anges descendront pour apporter les bienfaits d'en haut aux créatures : jusqu'à l'aube, toutes les prières voleront sans obstacle aux oreilles de Dieu, et nulle ne sera écartée pourvu qu'elle ne contienne point de vœu contraire à la loi. J'eus quelque scrupule à n'offrir que deux piastres de pourboire à un guide si bien informé des choses du ciel et de la terre, mais il faut croire qu'il n'avait pas eu le souci unique du gain matériel en nous accordant ses services : il nous couvrit de bénédictions.

Le couchant achevait de brunir et les étoiles s'allumaient l'une après l'autre quand nous nous décidâmes à partir. Le bazar ne chômait pas encore, et des bruits de voix rieuses associés à des odeurs de cuisine y annonçaient le commencement d'une de ces ripailles qui compensent chaque soir la pénible abstinence des journées pendant le mois de Ramadan; partout ailleurs, les rues étaient vides, les portes closes, les maisons muettes, et l'obscurité magique des nuits orientales répandue sur les bâtisses de l'Assouân moderne en corrigeait complaisamment la vulgarité. Soudain le chant du muezzin éclata au-dessus de nos têtes. C'était l'air que Félicien David nota et que son *Désert* a rendu populaire parmi nous, mais l'air entonné par une voix jeune, fraîche, claire, vibrante, gonflée de confiance au Dieu miséricordieux et de foi triomphante au Dieu vainqueur. Le quai était désert, la rade se taisait, Éléphantine barrait l'horizon de sa silhouette incertaine; partout, au lieu de la grosse agitation du jour, régnait cette douceur de vivre que nul ne peut se vanter d'avoir sentie complète, s'il n'a jamais séjourné en Égypte.

XXVII

LE COUVENT DE SAINT-SIMÉON
PRÈS D'ASSOUAN

Kom Ombo, le 11 janvier 1905.

Assouân fut passionnément chrétienne avant de devenir passionnément musulmane, et, pendant des siècles, elle posséda autant d'églises pour le moins qu'elle compte aujourd'hui de mosquées. Tout cela s'en est allé sans laisser de vestiges, mais on rencontre encore par la banlieue les ruines de plusieurs couvents considérables. Il y en a au sud, au milieu des rochers qui dominent l'hôtel de la Cataracte, parmi les tombeaux élevés aux compagnons du prophète. Il y en a vers l'est, sur la lisière du désert libyque, mais démantelées et tellement obsédées par le sable que leurs traces sont visibles à peine. Il y en a enfin de l'autre côté du

Nil, contre la falaise où les princes de la sixième
et de la douzième dynasties avaient creusé leurs
hypogées. Un seul, celui de Saint-Siméon (1), est
demeuré intact et vaut la visite.

C'est vers trois heures qu'il faut s'embarquer, au
moment où, la chaleur du jour commençant à
mollir, la rade a repris son animation coutu-
mière. Les Ababdéhs et les marchands de scara-
bées faux, ranimés par la sieste, persécutent de
leurs offres les étrangers arrivés du matin et qui
ne les connaissent pas encore. Les barques pavoi-
sées se croisent bruyamment, à la voile, à la rame,
jetant dans la ville les touristes de l'île et dans
l'île les touristes de la ville. Un des trois ou
quatre « Ramessès » de la Compagnie Cook chauffe
en partance, et, sous pression déjà, il rappelle
ses passagers à coups de sifflet déchirants. Un
peu plus loin vers le sud, une dahabiéh américaine abat son antenne majeure dont elle n'aura
plus besoin désormais puisqu'elle retourne au
Caire ; le chanteur de l'équipage perle ses roulades
les plus délicates afin d'égayer la manœuvre, et des
indigènes mélomanes accroupis sur la rive, poussent des gémissements d'extase vers la fin des

(1) Je lui ai gardé ici ce nom, qui est celui que les *Guides* du
voyageur ont adopté, j'ignore sur quelle autorité. Les gens du
pays l'appellent Déîr Amba Hédéré, et de fait, il est placé sous
l'invocation de saint Hatré, ou, selon la prononciation vulgaire,
Hédéré, l'un des bienheureux les plus vénérés de la chrétienté
égyptienne.

cadences. Le courant redouble à mesure que le goulet se rétrécit, les matelots peinent davantage sur les rames ; au détour du quai antique, Assouân s'éclipse soudain, et du même coup, tous les éclats de musique ou de clameurs humaines s'envolent, comme emportés par la brise qui souffle de la cataracte. L'hôtel de Pagnon se maintient en vue quelques minutes, puis il s'évanouit à son tour, et nous pourrions déjà nous croire loin de l'Égypte moderne, si là-bas, sur la hauteur, une redoute anglaise n'étalait pas avec ostentation ses murailles blanchies de neuf. Éléphantine défile lentement par le travers de droite, sa grève semée de blocs à moitié enfouis sous le sable, son tell défoncé et miné à l'envi par les chercheurs de sébakh, sa berge brune que le courant défait et refait sans cesse, ses quinconces de palmiers inégaux. Autour de nous, devant nous, derrière nous, le flot frémit et bondit, divisé en cent chenaux par des granits moutonnés, au chef d'un rouge terne, aux flancs lustrés de noir jusqu'où la crue les polit en son plein. Çà et là, ils se réunissent à plusieurs par des grèves de gravier ou par des laisses de limon compact, afin de former des îlots embroussaillés d'herbes folles et de ronces désordonnées. Quelques acacias de fortune ont poussé sur le plus grand et font mine de l'ombrager. Une famille de Berbérins s'y est installée dans une hutte basse en terre et en branchages, et pendant l'hiver elle y récolte de misérables légumes. C'est l'extrême de la sauvagerie : les deux ou trois poules du ménage se sauvent en nous apercevant, une chèvre au piquet crie de détresse et le chien, éveillé au bruit, nous provoque de ses aboiements tant que nous demeurons en vue.

L'anse où nous abordons devait être souvent encombrée et tumultueuse aux jours de la prospérité du couvent. Tout y aboutissait forcément qui venait du dehors pour les moines : convois de provisions et de bestiaux, troupes de pèlerins, soldats chargés de la police du désert, marchands, fermiers, collecteurs d'impôts, la tourbe de serviteurs, de vassaux et de serfs que les monastères en exercice du Saïd attiraient naguère encore. Maintenant elle n'est plus fréquentée que par les touristes d'Assouân, pendant les quatre mois de la saison, mais les indigènes d'Éléphantine se sont appropriés par droit de mainmise le dépôt d'alluvion qui la borde, et ils cultivent un peu de ricin, un peu de bersim, du lupin, des fèves, de l'orge qui font à l'eau comme un liséré velouté de vert printanier. Il y en a bien quinze mètres au plus large, et chez nous le profit n'en vaudrait pas la façon, mais la terre est si rare ici que rien n'y est à dédaigner : les maîtres en tireront quelques semaines de vivres en plus de ce qu'ils récoltent ailleurs, et cela leur permettra peut-être de gagner la fin de l'année sans famine. Au delà, une zone d'alfas s'étend échevelée et sèche, puis, derrière les alfas, le désert stérile et nu. L'ouady s'en va cheminant par une pente lente entre deux collines qui s'effritent, et en face de nous, au point culminant, le monastère découpe sur le ciel le profil renfrogné de ses murailles. La roche perce par endroits, noire et grise, mais partout dans les creux un sable d'or ruisselle, le sable fluide qui résulte de la décomposition des grès au soleil. Celui du troisième ravin, à gauche en partant du fleuve, est l'objet d'une vénération singulière chez les riverains. Ils s'imaginent qu'il délivre de la fièvre et de toutes les maladies graves. On l'escalade de droit fil, et une fois au sommet, on récite une courte prière, la *fâtikha* (1), pour les musulmans, ou le *Notre Père* pour les chrétiens; après quoi l'on se couche sur le flanc droit et l'on dévale au gré du versant. Si l'on roule jusqu'au bas d'un seul élan, sans s'arrêter, la cure est immédiate. Si l'on reste en route, on a le droit de recommencer deux fois encore, mais au troisième coup qu'on ne réussit pas, il est prudent de songer à son testament : on est condamné sans remède. Comme beaucoup de pratiques du même genre, celle-ci a ses origines dans l'antiquité. Le charme opérait d'abord par la puissance de Khnoumou, le seigneur de la cataracte, puis Khnoumou le transmit à saint Hédéré, et aujour-

(1) La *fâtikha* est la première sourate du Coran, celle qui *ouvre* le livre saint.

d'hui un cheikh musulman que personne n'a voulu me nommer a recueilli l'héritage de saint Hédéré et de Khnoumou. Il en va ainsi par l'Égypte entière. Le peuple n'a point changé d'âme en changeant de religion, et ce qu'il continue d'implorer sous des vocables nouveaux, ce sont les dieux médecins que ses ancêtres adoraient; peut-être ceux-ci à leur tour en avaient-ils emprunté le culte à l'une des peuplades oubliées qui habitèrent avant eux les rives du Nil, pendant les âges antérieurs à l'histoire.

Le couvent occupe une assiette très forte. Il est bâti partie en étage sur le penchant de la colline, partie en lisière sur le promontoire rocheux qui commande le dernier tournant de l'Ouady. Il dessine en plan la figure d'un trapèze irrégulier, dont le plus grand axe marche du sud au nord, et comme tous les monastères de l'Égypte, il était, en même temps qu'un asile de prière, une forteresse capable de résister des semaines aux assauts les plus violents. L'enceinte extérieure se déploie en ligne droite, presque sans avancées de tours ni de bastions, et elle mesure encore par endroits sept ou huit mètres de hauteur. Les assises basses sont en gros moellons afin de mieux résister à la sape, les assises supérieures en briques, le tout en si bonne condition qu'il suffirait de quelques réparations sommaires pour le mettre en état de braver un assaut. Sur un point seulement le dommage est considérable, à l'angle sud-est, vers l'endroit juste où l'on démonte quand on vient du fleuve. Un pan entier s'est écroulé sur une longueur de quatre mètres environ, et les éboulis étalés en talus sur le sol ne bouchent la brèche qu'à demi. On aperçoit à l'intérieur une voûte brisée et des masses de maçonnerie éparses, sur lesquelles le vent a jeté un mince manteau de sable, puis un corridor qui mène à quelque chambre obscure; c'est par là que l'ennemi pénétra lors de la dernière attaque et les lieux sont demeurés tels. L'entrée était à soixante mètres au-delà, dans un avant-corps à peu près carré, en saillie sur le milieu du front Est, et elle était défendue selon les règles de l'art. C'était, dans l'angle décrit par l'avant-corps et par la muraille, une poterne basse dont on ne pouvait s'approcher sans exposer aux défenseurs le flanc que le bouclier ne protégeait pas. Lorsque l'on avait défoncé les battants, Dieu sait au prix de quels sacrifices, on se trouvait dans une chambre sombre, au mur gauche de làquelle une seconde porte était pratiquée, aussi solide pour le moins que la première. Celle-là franchie, il fallait en forcer une troisième au fond d'un couloir encaissé entre deux murs. C'était la dernière, mais après s'être emparé d'elle, on ne devait pas se flatter encore d'avoir ville rendue. Chacun des deux gradins sur lesquels le monastère était distribué constituait un quartier indépendant séparé de son voisin par une muraille. L'ennemi qui avait emporté la porte de l'Est était maître du quartier de l'est, mais celui-ci couvre un tiers à peine de la superficie totale. C'était un second siège à entreprendre si l'on voulait s'emparer du quartier de l'ouest, à moins pourtant que les moines découragés ne livrassent la place sans résister davantage.

L'église conventuelle était comme jetée en travers du quartier Est, et elle le barrait presque entièrement du bastion d'entrée jusqu'à la muraille intérieure. Le plan général en est celui de la basilique classique, modifié légèrement pour les besoins du culte chrétien. L'atrium et le narthex sont ensevelis sous les décombres, mais les contours de l'*aula* tranchent nettement sur le sol, avec la vaste nef centrale et les bas-côtés divisés de la nef, celui du nord où les femmes s'assemblaient, par un écran percé de portes, celui du sud qui était réservé aux hommes, par trois piliers dont les bases persistent. La toiture est tombée, sauf quelques naissances de voûte, mais l'aspect des débris entassés à terre et des murs encore debout nous en rend la restitution facile. Elle consistait en une série de coupoles alignées côte à côte dans le sens de la longueur. Les nefs latérales en portaient trois chacune, celle du milieu plus ample que les deux autres. Le système était le même au-dessus de la nef centrale, mais les coupoles y étaient forcément plus hautes. L'ensemble était calculé, comme c'est le cas maintenant encore dans la plupart des couvents de la Haute-Égypte, de manière à bien accentuer au

dehors la disposition en cro   qui ne se manifeste pas assez clairement à l'intérieur. Les surfaces étaient toutes blanchies à la chaux, et c'est au
plus si l'on y avait barbouillé aux trois couleurs,
noir, jaune et rouge, des entrelacs grossiers dont
les contours s'estompent vaguement sur les restes
de l'enduit. Il n'y avait de décoration réelle que
dans le chœur, ou, pour l'appeler de son nom arabe,
dans l'*hékal* autour de l'autel. Il comprenait trois
niches, surmontées d'une voûte en demi-coupole,
ouverte vers l'assemblée. On y démêle tant bien
que mal les traces de plusieurs couches de peinture superposées, des envolées de draperies et des
figures d'un style supérieur à celui des tableaux qui
les surchargent. Ceux-ci ne peuvent guère remonter
au-delà du onzième siècle, et ils sont probablement
l'œuvre d'un des moines de Saint-Hédéré. Dans le
creux de l'abside, le Christ est assis, un grand
Christ mélancolique, immobile au milieu d'une
gloire ovale. Il est habillé d'une tunique verte
sur laquelle flotte un manteau de pourpre ; il tient
de la main gauche l'Évangile appuyé à ses genoux,
et il lève la main droite afin de bénir le monde.
Deux anges et deux saints l'encadrent symétriquement de droite et de gauche, les anges assez
bien conservés avec leurs ailes jaunes, leur auréole,
leur manteau pourpré, leur robe blanche. C'est la
composition traditionnelle, celle qui se répète alors
par tout le monde, en Italie comme en Égypte,

mais la facture est ici d'une gaucherie particulière. Assouân était relégué aux confins de la civilisation chrétienne et les arts y souffraient cruellement du voisinage de la barbarie ; rien ne le prouve mieux que la procession lamentable dont les débris se déroulent au-dessous du Christ, sur les parois verticales de l'abside. Il y a là vingt-quatre personnages vénérables, les vieillards de l'Apocalypse, à qui les Égyptiens avaient assigné les noms des vingt-quatre lettres de l'alphabet. Ils sont côte à côte, face aux spectateurs, longs, maigres, guindés, sans consistance sous leurs habits sacerdotaux, avec des barbes excessives, des traits inexpressifs, des fronts d'hydrocéphales, de vastes yeux cernés et vides d'intelligence. Les peintres coptes n'ont rien produit de plus laid.

Tout cela, qui se dégradait déjà quand je le vis pour la première fois il y a vingt-deux ans, a beaucoup empiré depuis lors ; viennent quelques saisons mauvaises et il n'en subsistera plus rien. Des graffites, tracés au couteau ou écrits aux encres rouge et noire dans les deux cellules voisines de l'*hékal*, traduisent les mouvements de piété que la contemplation de ces ouvrages stupéfiants suscitait dans l'âme des religieux. La formule n'en varie guère. Un Archélaos, frère indigne, demande au Seigneur de lui pardonner ses péchés. Un Ammonios, qui avoue être le dernier des moines, réclame la miséricorde divine. D'autres supplient les saints de se souvenir d'eux ou de ne pas oublier un parent qui s'est endormi dans le repos éternel, le 13 de choïak de la sixième indiction. La plupart employaient le copte à l'origine. Quelques-uns qui ne savaient plus le copte se servent de l'arabe, et à mesure que les siècles s'écoulent, l'arabe prédomine de plus en plus; il est presque seul usité dans les inscriptions postérieures à la dévastation du couvent, et il apparaît partout, aux chambres de derrière l'abside, sur les bas-côtés, dans les couloirs, dans les chapelles. La paroi rocheuse à laquelle l'église s'adosse avait été exploitée en carrière vers la fin de l'époque grecque, et les tailleurs de pierre y avaient creusé des excavations qui abritèrent des ermites, lorsque l'Égypte se convertit au christianisme. L'un de ces derniers s'était acquis sans doute une réputation de sainteté dans les villages d'alentour, car sa retraite fut transformée en oratoire lors de la fondation du couvent, et ornée de tableaux. Ici, comme dans l'église, le décor dut être renouvelé plusieurs fois au cours des siècles; celui d'à présent égale presque en étrangeté les peintures de l'abside. Deux registres enluminés de tristes personnages hiératiques règnent sur trois des côtés, et l'on y distingue, entre ceux dont les noms sont lisibles, quelques-uns des saints les plus illustres du calendrier copte, l'apa Anoup, l'apa Poimên, l'apa Mercouré, l'apa Phibammon. Au plafond, des têtes nimbées de bienheureux gri-

macent parmi les replis de méandres multicolores.
Les autres portions accessibles de la carrière
semblent avoir été utilisées comme habitations ou
comme magasins, pour la domesticité. Celle-ci
comprenait les artisans des corps de métier nécessaires à l'entretien des bâtiments ou au bien-être
des religieux, des menuisiers, des charpentiers,
des briquetiers, des forgerons, des boulangers, des
bergers, des pêcheurs. Ces demi-laïques logeaient
avec leurs enfants et leurs femmes au nord et au
sud de l'église, et leur quartier était par sa position
le lieu de transition entre le monde et le cloître. Il
m'a paru même que certaines des bâtisses qu'on
y rencontre avaient été aménagées pour servir
d'étable ou de poulailler, au moins dans les occasions de force majeure. Lorsque les Bédouins ou
les bandes nubiennes rôdaient aux alentours, inter-
ceptant les communications avec Assouân, il fallait
pourtant que les moines vécussent, et comment
auraient-ils pu le faire s'ils n'avaient pas possédé
derrière leurs murs des réserves de bêtes sur pied?

Ils résidaient au nord-ouest, aussi loin que possible de la vie profane, et ils ne communiquaient
avec le couvent bas que par un raidillon appuyé à
l'un des bas-côtés de l'église. Leur quartier paraît
moins une maison de religieux qu'un donjon, dont
les faces crénelées surplombaient le rocher d'est
en nord et commandaient à l'ouest et au sud une
grande cour vide ; ils y étaient isolés complètement,

et quand le reste avait succombé, ils pouvaient y tenir des jours ou des semaines de plus. Une tour protégeait l'entrée, dont le corps de garde a été démoli pendant le dernier assaut que la place a subi. On l'aborde aujourd'hui par-dessus des amas de briques désagrégées, et l'on se trouve dans une sorte de caserne à deux étages, divisée du sud au nord en cinq bandes longitudinales. Celle où l'on pénètre traversait sans arrêt l'édifice entier. Elle est voûtée d'un bout à l'autre, et elle est close à son extrémité septentrionale par une claire-voie de six ouvertures superposées, trois, deux et un, les trois du bas taillées en meurtrières rectangulaires, les trois du haut terminées en ogive. Çà et là, des pans de mur ou des morceaux de voûte se sont effondrés, si bien que le sol disparaît sous les débris. Le lait de chaux s'est écaillé, exposant à nu la terre battue dont les lits de briques sont crépissés. Où il a tenu bon, il est criblé de formules pieuses et de noms propres, quelques-uns en copte, la plupart en arabe. Il y en a du douzième siècle, mais beaucoup n'ont pas dix ou douze années de date : les drogmans de dahabiéhs ne se sont pas privés de noter en gros caractères, aux endroits les plus apparents, le jour et le mois de leur visite. Des croix rouges sont répandues parmi ces écritures, et, vers le milieu de la galerie, deux tableaux s'opposent sur les deux parois. Celui de l'Est a été effacé en entier, mais assez de l'autre a échappé pour qu'on en discerne le sujet. Le Christ est assis sous un porche, dans une pose d'empereur byzantin. A sa droite et à sa gauche, deux archanges ailés montent la garde symétriquement, et à la suite, six apôtres sont debout en une seule file. L'artiste à qui nous devons ce morceau s'est appliqué, mais son pinceau l'a trahi de façon lamentable. Il eût réussi que les frères n'en auraient pas attaché plus de prix à son œuvre; ce n'était pas elle qu'ils apercevaient lorsqu'ils se prosternaient dans leurs prières, mais le Christ lui-même, ses anges, ses disciples, et l'imperfection de l'image ne troublait en rien la beauté de leurs visions. Ils logeaient de droite et de gauche dans des chambres obscures qui pouvaient contenir deux, trois, quatre, jusqu'à six hôtes. Des bancs en briques crues marquent l'endroit où ils posaient leurs nattes grossières pour le repos de la nuit, et des niches réservées dans la muraille recevaient leur lampe ou la goulléh d'eau fraîche à laquelle ils se désaltéraient. Ils y passaient leurs heures de sommeil, interrompues par des oraisons interminables, et ils ne sortaient guère que pour descendre à l'église ou pour aller au réfectoire. Ils mangeaient à l'ouest de leurs cellules, dans une galerie parallèle à la première, et d'autres salles attenantes représentent peut-être l'emplacement du chapitre ou de la bibliothèque. L'enduit des portes et des murailles est poli, usé, sali par le contact des milliers de mains moites et de cagoules qui les frôlèrent au passage. Une lampe noircie gît oubliée dans une des niches, des goulléhs presque intactes s'appuient çà et là contre un banc : on a par moments l'impression que la ruine est d'hier et que les moines se cachent dans le voisinage, n'attendant que la retraite des infidèles pour réintégrer leurs cellules.

Leur vie y traînait, vide, somme toute, et misérable. Le grand vent de passion religieuse et de rage théologique qui avait secoué l'Égypte si profondément, pendant les siècles qui précédèrent la conquête arabe, était tombé depuis longtemps lorsqu'ils prononcèrent les vœux qui les liaient. Quelques-uns d'entre eux nourrissaient encore la foi qui fait les martyrs, et ils affrontaient le supplice avec courage lorsque le caprice d'un sultan déchaînait la persécution contre eux ; il leur manquait la science qui avait illustré leurs ancêtres spirituels de Scété ou d'Atripé, et qui avait porté les chefs de l'Église d'Alexandrie au premier rang parmi les défenseurs de l'orthodoxie. Ils avaient encore une bibliothèque où ils auraient pu consulter, avec les traductions en copte des Pères de l'Église grecque, saint Basile, saint Chrysostôme, saint Athanase, saint Cyrille, les œuvres originales de leurs orateurs les plus éloquents, Pisendi ou Chenoudé. C'eût été là toutefois une pâture trop forte pour leurs esprits, et la plupart d'entre eux ne comprenaient plus les discussions de doctrine dont les sermons de ces vieux prédicateurs étaient bourrés. Il y avait beau temps qu'on ne bataillait plus autour d'eux sur les natures du Christ ou sur le rôle de la Vierge mère; ils répétaient, sans essayer d'y rien comprendre, le Credo de leurs chefs spirituels, et ils ne s'enflammaient plus que pour un dogme, celui qui, proclamant l'antériorité du siège de saint Marc, faisait de l'Église d'Alexandrie au moins l'égale, sinon la supérieure des Églises de Rome ou de Constantinople. Ils laissaient donc les manuscrits de théologie moisir dans leurs caisses, et ils ne les remplaçaient plus à mesure que la vétusté les détruisait : leurs scribes ne recopiaient que les vies des saints, les psaumes, les Évangiles, les Épîtres, l'Apocalypse, les glossaires qui leur facilitaient l'intelligence des deux Testaments. Il est probable qu'après le huitième siècle, la plupart des moines n'écrivaient plus et qu'ils lisaient à peine. Ils usaient leur existence dans une routine d'offices et de macérations qui les empêchait de pousser leur instruction fort loin. L'autorité suprême de l'abbé maintenait parmi eux l'apparence de la concorde, mais ils étaient déchirés en secret par les haines qui se développent toujours chez les gens obligés sans cesse à se rencontrer l'un l'autre dans un espace trop resserré ; des intrigues se nouaient autour de chaque dignitaire, et des révoltes éclataient parfois à l'appui de ces intrigues. Cependant les musulmans d'Assouân les accablaient d'injures et de vexations. Les armées du roi de Nubie, chrétiennes comme eux, venaient par intervalles piller leurs fermes et camper à leurs portes ; ils devaient ou bien repousser ces coreligionnaires par la force, ou se racheter d'eux à prix d'argent. Les Nubiens éloignés, les troupes du sultan, Arabes, Nègres, Dilémites, Lowâtas, surgissaient à leur tour et réclamaient une rançon ; il fallait s'imposer de nouveaux sacrifices et débourser pour les musulmans au moins autant qu'on avait payé aux chrétiens. Les moines tinrent ferme pendant trois ou quatre cents ans, tant qu'enfin, appauvris, affamés, diminués en nombre, hors d'état de se recruter et de réparer leurs murailles, ils quittèrent la partie et ils se réfugièrent dans les communautés coptes d'Edfou et d'Esnéh ; vers le milieu du treizième siècle, le monastère de Saint-Hédéré était inhabité.

L'escalier de la tour n'est plus d'une solidité à toute épreuve. Des marches y manquent et celles qui sont encore en place tiennent on ne sait comment, usées, bosselées, chancelantes, pleines de trous et de crevasses où le pied s'enfonce comme dans une trappe. A mi-hauteur, sur un palier hasardeux, une porte donne accès au premier étage du couvent. La distribution y est la même qu'au rez-de-chaussée, longues galeries voûtées avec graffites et tableaux de sainteté en mauvais état, cellules, salles de réunion, magasins. La plate-forme terminale est peu sûre, mais on y a vue, comme en planant, sur un panorama d'une ampleur et d'une beauté inattendues. C'est d'abord le monastère lui-même, ramassé sur sa croupe rocheuse, l'ensemble de ses bâtiments, sa basilique éventrée et ouverte à tous les vents, ses cours envahies par le sable, ses murs découronnés. Sur trois des côtés, le désert ondule, morne et vide, sous les feux du soleil couchant. Vers l'Est, le Nil scintille parmi les rochers, Éléphantine allonge ses masses de feuillage, Assouân se détache en silhouette plate sur le fond des granits et des grès, et au delà, très loin, tout un pays dentelé de cimes vaporeuses commence à se teindre des tons roses et violets du soir.

XXVIII

PHILÆ

Ibsamboul, le 2 janvier 1908.

Une demi-heure de chemin de fer, d'abord à travers un des faubourgs indigènes d'Assouân, puis en vue d'une horde de Bicharis campés à la lisière du faubourg pour procurer aux touristes l'impression de la vie au désert, puis le long d'une rampe monotone de rochers et de sables rougeâtres. Le train est un véritable train de banlieue parisienne, avec des wagons trop vieux pour le service de la grande ligne et une locomotive de système démodé, une grosse bouillotte juchée sur roues, et qui fournirait résolument ses vingt-cinq kilomètres à l'heur si le chauffeur la laissait faire. Elle va haletante peinant sur la pente, tant qu'enfin, droit devant elle, par-dessus la ligne des grès qui tout à l'heure encore bornait l'horizon, surgissent lentement des

amoncellements de granits noirâtres et une nappe
d'un bleu gris, moirée de lumière où les courants
filent et se croisent. Des bouquets de palmiers
mourants ou d'acacias flétris sont piqués dans l'eau,
en avant de la berge actuelle, jalonnant le contour
des rives d'autrefois, et au milieu du bassin, tout
un ensemble de constructions submergées à des
hauteurs différentes est comme échoué, des pylônes,
des colonnades, des kiosques, des chevets de
temples, ce qu'on voit de Philæ entre le 15 décembre
d'une année et le 15 mai de l'année suivante. On
descend, on s'embarque, on côtoie successivement
le sanctuaire d'Isis, les propylées d'Adrien, le
quai de l'Est, et doublant à l'endroit où l'obélisque
de Nectanébo marquait jadis l'appontement du
débarcadère antique, on gagne entre les deux portiques d'Auguste et de Tibère. On enfile la porte
monumentale, au niveau presque de l'inscription
gravée par les Français de Desaix, et traversant la
cour, on aborde à la dernière marche du grand
escalier. Le flot roule en clapotant du logis des
prêtres d'Isis à la chapelle d'Hathor, puis il
s'échappe à la droite du pronaos par la poterne qui
ouvrait sur les propylées de Trajan et d'Adrien :
il semble qu'on se trouve transporté par mégarde
dans un de ces havres fantastiques, bordés de tours
de garde et de palais, que les Romains de l'époque
impériale se plaisaient à peindre sur les murs de
leurs villas.

Le palier du débarcadère, l'hypostyle, le Saint des Saints, la cour et la chambre du Nouvel An, les pièces groupées en avant ou sur les côtés du naos et les couloirs qui les mettent en communication l'une avec l'autre, les touristes s'y promènent encore à pied sec, ou du moins le Nil ne les mouille que par exception lorsque le vent du Nord, ramassant la vague, la lance et la chasse à travers les salles. Mais si l'eau ne court que rarement sur les dallages, on la sent présente partout dans les veines et sous l'épiderme de la pierre. De bas en haut, sans que rien fût capable d'entraver son progrès, elle s'est infiltrée sournoisement, par capillarité, et entre deux retours d'inondation, elle a imprégné la fabrique entière. Les parois sont humides à l'œil, et si on les touche, elles font frais sous les doigts. Le grès a dépouillé la livrée grise et grenue dont la sécheresse l'avait habillé depuis des siècles, et il vire lentement au ton jaunâtre qu'il avait dans la carrière. Les couleurs qui s'écaillaient çà et là, mortes et sales, sur les figures de dieux ou sur les ornements d'architecture, se sont raffermies et avivées en s'humectant ; même les chapiteaux célèbres du pronaos ont des tons moins heurtés et moins secs que ceux qu'on leur connaissait naguères. Leurs rouges, leurs bleus, leurs jaunes, leurs verts se sont insensiblement pénétrés sur les bords sous l'influence persistante des moiteurs qui agissent derrière eux dans le bloc ; et tandis que ce travail intérieur les adoucit et les estompe, les reflets d'eau sans cesse en mouvement qui les éclairent en dessous par la baie du pylône les font vibrer délicieusement. Il faut jouir de leur beauté, tandis qu'elle est entière encore, car on travaille beaucoup là-bas du côté du barrage : on élargit la chaussée de granit qui n'offrait plus une base assez stable pour des assises nouvelles, et les rochers de la cataracte, éclatés chaque jour à coups de mine, fournissent assidûment les matériaux qui permettront aux ingénieurs de rehausser de six ou sept mètres le plan de retenue d'aujourd'hui. Et passent quatre ou cinq années, presque tout ce qui avait été épargné en 1902 sera livré à la crue. Elle franchira le seuil des portes, elle envahira sans contrainte les parties qui lui avaient été interdites provisoirement, elle ira délibérément à l'assaut des murailles et elle ne cessera plus qu'elle n'ait atteint le niveau prescrit. Les figures de divinités et de rois qui se rencontrent ou se poursuivent, de la plinthe aux frises, proférant et acceptant l'offrande, prosternées, courbées, rangées en théories solennelles, seront noyées ligne à ligne, les pieds un jour, puis les genoux, les reins, le buste, la tête, tant qu'enfin rien d'elles n'émergera plus, et le mystère des cultes d'Isis aura sombré dans les remous. Une sorte de balustrade rectangulaire définira le site du kiosque de Trajan. La toiture du sanctuaire et les terrasses du pronaos surnageront, telles des radeaux de pierres ancrés l'un derrière l'autre, et seules les quatre tours des pylônes domineront à mi-corps l'étendue des eaux.

Il faut déjà un véritable effort de mémoire pour évoquer sans trop d'erreur le spectacle qu'on apercevait de leur plate-forme, il y a huit ans à peine. Philæ, intacte encore, étalait ingénument aux regards les reliques de son passé, parvis obsédés de bâtisses parasites, portiques, chapelles païennes, églises construites avec les débris des temples, maisons grecques, coptes, arabes, entassées le long des ruelles et à l'orée des carrefours. La première couche informe des décombres ayant été écartée et jetée au fleuve, le squelette des ruines se montrait à nu : le touriste plongeait de l'œil à l'intérieur des logis, ainsi qu'il arriva naguère à l'aventureux licencié Zambullo, quand le Diable boiteux supprima pour lui les toits de Madrid, et s'il n'y surprenait plus les tableaux mouvants de la vie, rien ne l'empêchait, l'imagination aidant, de reconstituer l'aspect général de la cité. Notre Philæ est une création de l'homme, ou du moins il n'y avait à l'origine, dans l'endroit qu'elle occupe, qu'un petit archipel granitique comme il y en a tant d'un bout à l'autre de la cataracte. Les hasards de l'inondation abandonnent entre les roches des plages de sable ou des bancs de limon noirâtre qui les rejoignent, mais d'ordinaire, ce qu'une année apporte l'année suivante le remporte en entier;

parfois pourtant l'alluvion résiste, et s'accroissant de façon continue, elle crée une île permanente qui bientôt se tapisse de verdure et attire quelques habitants. Saurons-nous jamais si Philæ existait avant les dynasties saïtes? En tout cas, aucune Isis de ces parages n'aurait pu devenir déesse souveraine sous les Pharaons conquérants, lorsque les dynasties thébaines commandaient jusqu'au confluent des deux Nils. Éléphantine était alors la ville importante et son dieu Khnoumou accaparait pour lui seul la piété et les offrandes. Philæ ne réussit à percer que plusieurs siècles plus tard, quand l'empire se fut divisé et que la première cataracte servit de frontière entre l'Égypte propre et le royaume de Méroé; alors seulement, son Isis, placée à la rencontre de deux grands États et sans cesse enviée par l'un à l'autre, se trouva dans les conditions requises pour jouer un rôle considérable. Le canton que la fortune lui avait assigné pour résidence jouissait en effet d'une réputation de sainteté particulière. On s'était imaginé jadis qu'il marquait le point où les eaux du firmament, se ruant sur la terre, y donnaient naissance au Nil nourricier. On avait fini par se convaincre qu'il n'en était rien et l'on avait cherché les sources naturelles plus loin vers le sud, mais la légende n'était point morte du coup : elle avait adopté seulement une formule nouvelle. Le Nil ne tombait plus du ciel; il sourdait du sol, et l'on montrait, en avant de Séhel, les deux gouffres sans fond d'où il jaillissait avec violence pour s'écouler dans deux directions opposées, au nord vers l'Égypte, au sud vers l'Éthiopie. Les deux nations croyaient fermement à l'existence de ces courants contraires (1), et les dieux du pays où le miracle s'accomplissait, Isis et Osiris, leur paraissaient dignes de toute leur vénération, mais les saints de l'étranger exercent toujours un attrait plus vif que ceux de la patrie : les Éthiopiens furent sans doute les premiers à honorer d'une dévotion spéciale l'île et sa patronne, puis bientôt les Égyptiens les imitèrent. Au bout de très peu d'années la renommée de la déesse dépassa les frontières, et les pèlerins affluèrent d'Europe et d'Asie autant que du Soudan.

Pour empêcher le sol de se détruire sous l'action des forces mêmes qui l'avaient créé, on ne sait quel Pharaon avait blindé de quais puissants le

(1) Hérodote, II, xxviii. Comme beaucoup de légendes, celle-ci repose sur un fait naturel mal interprété. Avant que le barrage d'Assouân n'existât, l'appel de la cataracte sur la masse des eaux au centre du fleuve déterminait, vers Bégéh et Hesséh, un contre-courant assez fort qui, longeant la rive gauche, faisait sentir ses effets jusqu'au Bab-Kalabchéh : les réis des barques berbérines le connaissent bien et ils l'utilisent encore pour remonter sans peine pendant les mois d'été, alors que les vannes de la digue sont ouvertes. C'est à coup sûr l'existence de ce contre-courant qui suggéra aux riverains l'idée des deux Nils coulant en sens contraire, l'un au Nord vers l'Égypte, l'autre au Sud vers l'Éthiopie.

front méridional, celui qui, tourné vers la Nubie, essuie de plein fouet le choc du courant; mais le sanctuaire le plus ancien n'était ni assez large, ni assez magnifique pour suffire à cette multitude de fidèles. Les Ptolémées bâtirent notre temple, et les Césars romains, continuant leur œuvre, groupèrent aux alentours les dépendances qui permirent au clergé de régler avec ampleur les cérémonies du culte. La nature des édifices et la raison d'être de chacun d'eux se manifestaient clairement lorsqu'on les étudiait du haut du pylône. C'est au Sud que les pèlerins abordaient les jours de fête; un escalier ménagé dans l'épaisseur des maçonneries, entre le kiosque de Nectanébo et la chapelle d'Arihosnofir, les conduisait à l'entrée du parvis. Là, ils se formaient en procession avec leurs offrandes et les victimes qu'ils comptaient sacrifier, et guidés par les prêtres, ils se dirigeaient vers le premier pylône, entre les portiques. Le décor subsistait presque entier avant la construction du Barrage, et les descriptions des auteurs classiques combinées avec les données des bas-reliefs fournissaient aisément de quoi le remplir. Le peuple, vêtu de blanc, les palmes aux mains, attendait sous les portiques, et dès l'instant que les premiers étrangers posaient le pied sur le terre-plein, les acclamations éclataient. Rien n'était plus divers et plus bariolé que cette multitude : elle comprenait des éléments venus de tous les points du monde, non seulement des Égyptiens ou des Grecs, mais des gens de la grande Rome, des Espagnols, des Gaulois, même des barbares de Scythie ou de Perse, chacun avec son costume et ses allures nationales. La religion d'Isis était une religion joyeuse et douce, ainsi qu'il convenait à la déesse qui avait enseigné aux humains l'usage du blé et des céréales, sanctifié le mariage, organisé la famille, promulgué les lois qui régissent les sociétés. Des chœurs de voix, soutenus de ces flûtes et de ces harpes diverses qui sont sculptées sur les colonnes de l'édicule d'Hathor, accéléraient ou ralentissaient le défilé : ils résonnaient longtemps encore après que la queue du cortège avait disparu sous la grande porte. Comme personne n'aurait osé se présenter les mains vides, le trésor et la main-morte d'Isis le disputaient à la fortune des dieux les plus richement dotés du monde. Les rois et les empereurs lui donnaient des fermes, des vignes, des bestiaux et des esclaves, des territoires entiers. Les particuliers lui laissaient de l'or, des bijoux, des étoffes précieuses, des statues. Il n'y avait dévot si pauvre qu'il n'offrît son gâteau, ses fleurs ou son oiseau devant quelque autel, et le sacerdoce n'était pas seul à profiter de l'aubaine : l'habitant logeait tout ce monde et lui fournissait les menus objets que chacun emportait avec soi, comme des souvenirs à jamais sacrés de son séjour. On se tromperait si l'on pensait que les divinités antiques

fussent incapables d'inspirer à leurs adorateurs les
élans de ferveur et les extases qui caractérisent les
pèlerinages chrétiens; la foi était aussi forte et le
sentiment religieux aussi profond à Philæ qu'ils le
sont à Lourdes ou à Jérusalem. Si les grossières
figures d'Isis humaine ou d'Isis serpent que nous
ramassons dans les ruines prenaient une voix,
elles nous raconteraient les mêmes histoires de
douleurs consolées ou de paix rendue à des âmes
malades, que nos humbles Vierges en étain ou les
petits crucifix de deux sous achetés en Palestine.

La prospérité dura cinq siècles, puis le paganisme persécuteur essuya aux mains du Christianisme victorieux les mêmes persécutions qu'il lui
avait infligées : Philæ et son Isis durent à leur
position d'en défier les effets et de survivre aux
sanctuaires et aux divinités les plus illustres.
L'attraction qu'elles avaient exercée dès le début
sur les Éthiopiens, tous les peuples qui se succé-
dèrent dans la vallée du Haut-Nil après la chute
du royaume de Méroé, la ressentirent l'un après
l'autre : quand les Blemmyes s'emparèrent de la
Nubie vers le milieu du troisième siècle de notre
ère, ils n'y échappèrent pas, et plus tard, après
que l'empereur Théodose eut ordonné la fermeture
des temples, leur piété couvrit celui-ci d'une protection efficace. Les chrétiens de Philæ, encouragés
par les évêques de Syène, n'auraient pas demandé
mieux que d'appliquer les prescriptions de l'édit

impérial, mais toucher à la déesse ou à ses serviteurs, c'eût été provoquer les représailles des Blemmyes. On s'en garda bien, et tandis que partout ailleurs les idoles succombaient sous les coups des moines, Isis demeura debout en face du Christ triomphant. Même en 451, sous Marcien, un traité régulier changea en obligation internationale pour les Romains la tolérance équivoque dont elle avait bénéficié : pendant juste cent années à partir du jour de la signature, les Blemmyes auraient le droit de venir se prosterner devant ses autels. Telles étaient la faiblesse de l'empire et la crainte des barbares que, malgré l'impatience des dévots, la convention fut respectée presque jusqu'au bout. Ce fut seulement vers la fin du règne de Justinien que, les Nubiens ayant détruit les Blemmyes, Théodore, évêque de Syène, renversa les autels et transforma le temple en église. On se figure ce que fut, pendant ce dernier siècle, la condition des malheureux prêtres. La plupart de leurs concitoyens s'étaient convertis à la religion dominante, et ceux-là seuls s'obstinaient au vieux culte qui appartenaient à quelque famille sacerdotale d'autrefois. On se les imagine enfermés dans l'enceinte sacrée et y traînant une existence précaire sous la menace perpétuelle du fanatisme populaire. Ils avaient encore leurs heures d'allégresse, lorsque la légation envoyée par le roi des Blemmyes débarquait en pompe avec les offrandes officielles. Ils endossaient alors leurs costumes d'apparat, ils retiraient la statue de son tabernacle, ils ouvraient les portes à deux battants et ils allaient attendre leurs hôtes près du kiosque de Nectanébo. Ceux-ci s'avançaient en procession comme autrefois, et leur foi était si expressive qu'on eût pu se croire reporté à plusieurs générations en arrière, à l'âge où leur Isis était vraiment la maîtresse du monde. L'illusion durait les quelques semaines qu'ils résidaient dans la ville, puis les cérémonies étant accomplies et les délais de leur séjour expirés, il fallait bien qu'ils regagnassent leur patrie.

A trois kilomètres environ au sud de Philæ, le Nil tourne brusquement et s'efface dans un coude : l'œil, se heurtant à la falaise de granit qui lui cache la Nubie, n'aperçoit plus rien au delà. Que de fois ces Isiaques lamentables dont les inscriptions nous ont conservé les noms, Smêt, ou Smêtkhêm, ou Pakhoumios, se sont-ils groupés sur l'une des tours du grand pylône méridional pour assister au départ! Ces amis qui s'en allaient, n'était-ce pas leur dernière visite? La fureur des chrétiens croissait sans cesse, et toujours le cri contre la déesse s'élevait plus redoutable vers le ciel. S'il plaisait l'évêque ameuter la populace des couvents voisins et la lâcher à travers l'île, où serait le salut, et que pourraient les Blemmyes, sinon venger leur meurtre dans le sang de leurs meurtriers ? Cependant les barques poussées par le vent du nord s'éloignaient au bruit des hymnes. L'une après l'autre, elles saluaient, doublaient la pointe, s'évanouissaient, et la dernière avait disparu depuis longtemps déjà qu'ils la cherchaient encore du regard ; combien ne devait-il pas leur en coûter de s'arracher à la contemplation du Nil redevenu solitaire, et de redescendre dans cette lourde atmosphère de haine confessionnelle que la joie de leur sécurité passagère avait éclaircie momentanément. Chaque année, depuis mon retour en Égypte, je suis monté comme en pèlerinage sur cette plateforme qui fut témoin de leurs tristesses : debout devant ce panorama qui a si peu changé depuis eux, j'ai vu, ainsi qu'eux, les flottilles des bateaux nubiens se perdre dans le midi, et songeant à leur vie misérable, j'ai ressenti sourdement en moi le contre-coup de l'angoisse qui les oppressait.

TABLE DES MATIÈRES

E. GREVIN — IMPRIMERIE DE LAGNY.